חמל

chamal

Mitleid haben

BERND GRUNWALD

Der Prophet Joel

und seine rätselhaften Heuschrecken

Jeder, der den Namen des HERRN anruft,
wird errettet werden. (Joel 3,5)

Impressum

© 2012 Bernd Grunwald
Girmesgath 111 • D 47803 Krefeld (E-Mail: bernd.grunwald(at)arcor.de)
Umschlagfoto: ein Tag des Gewölks (B. Grunwald, 08.06.2012)
Umschlaggestaltung, Satz und Layout: Bernd Grunwald

Herstellung und Verlag: BoD – Books on Demand GmbH, Norderstedt

ISBN: 978-3-84820-744-2

Inhaltsverzeichnis

Einführung

Wer die Botschaft des Propheten Joel verstehen will und sie mit Hilfe der gängigen Kommentare von namhaften, bibeltreuen Exegeten heilsgeschichtlich einzuordnen sucht, wird bald feststellen, dass es vor allem für die ersten beiden Kapitel der Prophetie Joels eine Vielzahl von unterschiedlichen Interpretationsansätzen gibt, deren Begründungen entweder völlig fehlen oder aber auf Überlegungen beruhen, die sich kaum sicher aus der Schrift herleiten lassen.

Um diesen Befund nachvollziehbar zu belegen, habe ich die dem deutschsprachigen Leser zugänglichen Kommentare der bibeltreuen Exegeten gesammelt und im Abschnitt B dieser Studie jeweils auszugsweise wiedergegeben, wobei ich die von den Auslegern genannten Gründe für ihre Sicht auf ihre Stichhaltigkeit überprüft habe. So konnten auch Schwachstellen bzw. Oberflächlichkeiten der jeweiligen exegetischen Arbeit erkannt werden.

Im Abschnitt C dieser Studie werden Auslegungskriterien erarbeitet, die sich aus einer konsequenten Anwendung des exegetischen Grundsatzes „die Schrift erklärt sich selbst" ergeben. Es wird hier nachvollziehbar dargelegt, dass es anhand dieser Kriterien möglich ist, zumindest für den heilsgeschichtlichen Rahmen dieser Vorhersagen ein eindeutiges, im Gesamtzeugnis der Heiligen Schrift verankertes Verständnis der Botschaft Joels zu finden.

Im Abschnitt D werden im Vers- für- Vers- Betrachtungs- Stil einige, das Resultat des Abschnittes C stützende Anmerkungen, Ergänzungen und Hintergrundinformationen etc. gegeben.

Eine tabellarische Übersicht der Auslegungsvarianten zu Joel 1 und 2 ist am Ende dieser Arbeit im Abschnitt D enthalten.

Diese Studie richtet sich nicht gegen die hier zitierten Exegeten. Sie haben wichtige und wertvolle Beiträge zum Verständnis der Heiligen Schrift geliefert, die auch von mir in Dankbarkeit und Anerkennung ihrer Verdienste hoch geschätzt und gerne gelesen werden. Doch die für manche ihrer Interpretationen unzureichenden Begründungen sind oft ein Indiz dafür, dass die Auslegungen auch der namhaftesten Ausleger nicht immer hinreichend im Wort Gottes bestätigt werden.

Der Verfasser ist dankbar für jede Rückmeldung, vor allem für Ergänzungen, Verbesserungsvorschläge oder Korrekturen.

A) Einleitungsfragen, kurz gefasst

Thema

Das Thema des Buches Joel ist „der Tag des HERRN". Dieser Terminus wird im Buch Joel fünfmal erwähnt (1,15/2,2/ 2,11/3,4/4,14). Er kommt somit bei Joel häufiger vor als in jedem anderen Buch der Bibel.

Verfasser

Der Verfasser ist Joel, der Sohn des Petuel, der das Wort des HERRN verkündet (1,1). Petrus bestätigt die Verfasserschaft Joels (Apg.2,16).

Adressaten

Joels Botschaft richtet sich an alle Bewohner des Landes Juda mit Jerusalem als Zentrum (1,2/4,20).

Datum der Niederschrift

Die Datierungsvermutungen liegen zwischen etwa 900 v.Chr. und etwa 300 v.Chr. Damit gehen die Datierungen bei Joel weiter auseinander als bei jedem anderen Buch der Bibel.[1] Es ist nicht eindeutig bestimmbar, ob es sich um ein vor- oder

---

[1] Bibeltreue Exegese vorausgesetzt. Da historisch-kritische Theologen Mose als Autor des Pentateuchs bezweifeln, liegen dessen Datierungen (15.-3.Jh.) sogar noch weiter auseinander.

nachexilisches Buch handelt, da kein König bzw. auch keine Fremdherrschaft über Juda erwähnt wird. Auch sonst scheint der Text keine eindeutigen Anhaltspunkte für eine hinreichend verlässliche Datierung zu bieten.

Gliederung des Buches Joel

Es lassen sich zwei Abschnitte[2] identifizieren:

> Abschnitt 1 (1,1-2,17):
>
> Juda im Gericht - Verhöhnung durch die Nationen[3]
>
> Abschnitt 2 (2,18-4,12):
>
> Juda im Segen - Die Nationen im Gericht

Ab 2,18 sind die Verhältnisse umgekehrt, was den zweiten Abschnitt klar vom Ersten unterscheidet.

---

[2] **W. MacDonald** bemerkt: „Bei 2,18 erkennen wir einen deutlichen Wendepunkt. Bis zu diesem Vers spricht Joel von der *Verwüstung*, die über Juda kommen würde. Von da an spricht Gott von der *Erlösung*, die er seinem Volk bringen wird." (W. MacDonald in „Kommentar zum AT", Seite 1096)

[3] Die Verhöhnung Israels durch die Nationen wird im Buch Joel zweimal erwähnt, nämlich (a) in der Aufforderung an die Priester in 2,17 und (b) in dem Zuspruch des HERRN (in 2,19), dass ER dafür sorgt, dass so etwas nie wieder vorkommen wird, was eine tatsächlich erfolgte Verhöhnung der Juden durch die Nationen voraussetzt.

Schlüsselvers

Joel 2,18 scheint den Inhalt der beiden Abschnitte mit knappen Worten, aber doch sehr treffend zu beschreiben[4]:

„Und der HERR eiferte für sein Land" (= Abschnitt 1),
„und er hatte Mitleid mit seinem Volk" (= Abschnitt 2).

---

[4] sofern man in 2,18 einen antithetischen Parallelismus sieht, dessen erste Aussage dann im Sinne von Zeph.1,18 zu verstehen wäre: „ ... und durch das Feuer seines Eifers wird das ganze Land verzehrt werden." Der Wendepunkt liegt dann in der Mitte von Vers 18. Sieht man dagegen in 2,18 einen synonymen Parallelismus, liegt der Wendepunkt zwischen den Versen 17 und 18 (mehr dazu siehe Abschnitt D: Anmerkungen zu Joel 2,18).

B) Auslegungsprobleme

Ausgehend von den Prämissen der jeweiligen Ausleger sind deren Auslegungen des Buches Joel jeweils von großen Auffassungs-Unterschieden geprägt. So scheinen z.b. die verschiedenen Auffassungen der Ausleger über den Tag des HERRN bei der Auslegung eine wesentliche Rolle zu spielen, wobei man bei auftretenden Konflikten anscheinend lieber den prophetischen Text in seiner Bedeutung der jeweils vorliegenden Auffassung über den Tag des HERRN anpasst als umgekehrt. Eine ebenso häufige Auslegungsprämisse ist die Akzeptanz einer bestimmten Datierung mit davon ausgehender Deutung bzw. Auslegung der prophetischen Botschaft. Dabei wird zugunsten der vermuteten Datierung zudem oft unterstellt (weil es der gewöhnlichen Art des Geistes in der Prophetie entspricht), dass sich der Prophet ein örtliches Ereignis als Ausgangspunkt für eine weit reichende Prophetie genommen hat. Es liegt auf der Hand, dass man mit derart unsicheren Prämissen den Gegenstand der Prophetie kaum hinreichend überzeugend entschlüsseln und erklären kann.

MacDonald
Weil MacDonald ein frühes Datum[5] akzeptiert, sieht er sowohl Joel 1 als auch Joel 2 in der babylonischen Invasion[6] teilweise erfüllt, doch liegt seiner Meinung nach die gänzliche Erfüllung dieser beiden Kapitel noch in der Zukunft, denn „in der Zukunft wird der Eindringling der König aus dem Norden

---

[5] Er vermutet die Niederschrift während der Kindheitsjahre des Jo-asch, der zwischen 835 und 796 v.Chr. regierte.

[6] 586 v. Chr. (unter Nebukadnezar)

(Assyrien) sein."[7] Diese Vorhersage wird von ihm jedoch nicht weiter kommentiert bzw. begründet.

Darby

Für Darby ist der zukünftige Eindringling ebenfalls der Assyrer, allerdings beginnt für ihn die Zukunft erst ab Kapitel 2, denn er schreibt: „So werden in Kapitel 1 die Verheerungen jener Insekten, welche, wie es scheint, eine entsetzliche Not hervorgerufen hatten, benutzt, um zu der Zeit, da die Weissagung geschah, eine Wirkung auf das Gewissen des Volkes auszuüben; aber von Beginn des 2. Kapitels an hat die Prophezeiung die Zukunft im Auge und macht uns mit einem Volke bekannt, welches zu seiner Zeit das Land Israel in den letzten Tagen verheeren wird." Er identifiziert dieses Volk dann wie folgt: „Was uns hier als die Rute Jehovas dargestellt wird, ist das von Norden kommende Heer, welchem wir so oft in den Propheten begegnen: der Assyrer."[8] Als Begründung für diese Aussage führt er lediglich an, dass wir dem von Norden kommenden Heer „so oft in den Propheten begegnen." Zwingende Argumente werden hingegen auch von Darby nicht gegeben.

Rossier

Auch Rossier, der die Darby'sche Sicht vertritt, stützt sich allein auf die bloße Vermutung, dass der in Joel 2,25 erwähnte Feind aus dem Norden mit einem assyrischen Bund, dessen politisches Haupt der Gog Hesekiels ist, identisch sein könnte. Doch die Formulierung „den von Norden" (2,25) kann auf jeden Feind zutreffen, der von Norden her ins Land Juda

---

[7] **W. MacDonald** in „Kommentar zum AT", Seite 1096
[8] **J.N.Darby** in „Betrachtungen über den Propheten Joel (Synopsis)"

einfällt [9]. Es muss sich dabei nicht unbedingt um einen assyrischen Feind handeln (Jer.1,15)[10]. Da der Gog Hesekiels zudem in ein Land mit offenen Städten ohne Mauern, ohne Riegel und ohne Tore kommen wird (Hes.38,11.12), wozu auch Jerusalem gehört (Sach.2,8), kann Gog nicht der von Joel beschriebene Eroberer Jerusalems sein, denn das Jerusalem Joels ist von einer Mauer umgeben[11], die von dem feindlichen Heer erstürmt wird (2,7).

Liebi

Liebi ist dagegen überzeugt, dass Gog bewusst vom König des Nordens (Assyrer) unterschieden werden muss. In seiner Auslegung zu Hes. 38-39 schreibt er: „Es ist falsch, Gog mit

---

[9] „Diese Himmelsrichtung steht symbolisch für die Eroberung Israels und die damit einhergehenden Katastrophen" (Quelle: **Roger Liebi** in „Hesekiel", S.22). Weiter schreibt Liebi: „Unter strategischen Gesichtspunkten war Jerusalems Norden die Schwachstelle der Stadt. Von dieser Seite aus griffen die Römer Jerusalem 70 n.Chr. an." („Hesekiel", S.46)

Hengstenberg meint: „Von Norden her aber, von Syrien aus, geschahen alle Hauptinvasionen in Palästina." (Christologie des AT, Bd. 3, Seite 142)

[10] jedenfalls kann sich das „Unheil von Norden" in Jer.6,1 nur auf die römische Eroberung beziehen, siehe hierzu: „Tekoa und die Eroberung Jerusalems" (im Internet als Download verfügbar)
http://bibelportal.de/index.php?option=com_content&view=article&id=184:jeremia-6-tekoa-und-die-eroberung-jerusalems&catid=13:biblischeauslegungen

[11] **Rossier** ist daher gezwungen, zu behaupten, „dass Jerusalem im Gegensatz zu den offenen Städten als Hauptstadt und Zentrum des Widerstandes gegen den Feind von Norden befestigt sein wird" (Quelle: www.bibelbrunnen.de/Dokumente/RossierJoel3.php, Seite 3). Doch der Prophet Hesekiel sagt: „sie alle wohnen ohne Mauern". Das meint auch die Bewohner Jerusalems.

dem „*König des Nordens*" aus Daniel 11,40-45 zu identifizieren, weil damit in der bereits erfüllten Prophetie von Dan 11,1-35 immer Syrien bezeichnet wird. Der „*äußerste Norden*" weist auf das Gebiet des heutigen Russlands hin. [...] Der Text enthält zahlreiche antike Völkerbezeichnungen, die auf Länder aus den drei Kontinenten Europa, Asien und Afrika hinweisen."[12] Dennoch vertritt auch Liebi die Meinung, dass „der von Norden kommende" (2,20) den Assyrer (König des Nordens) meint[13], der als „islamische Großkoalition unter der Führung Syriens" in der noch zukünftigen Drangsalszeit „Israel völlig überrennen und verwüsten" wird.[14] Dabei wird er ein „wie durch eine Heuschreckenplage" verwüstetes Land Israel hinterlassen.[15] In „Der Messias im Tempel" schreibt Liebi: „Der Prophet Joel schildert in seinem Buch wie das Land Israel während der großen Drangsalszeit von 3 ½ Jahren völlig vertrocknen wird", wobei er in Offenb. 11,3.6 eine Parallele zu Joel 1,17-20 sieht[16]. Die vielen Tempelhinweise im Buch Joel

---

[12] **Roger Liebi** in „Hesekiel" 1.Aufl. 2011, CMV-Hagedorn, S. 162

[13] auch von **Liebi** wird diese Meinung leider nicht begründet

[14] **Roger Liebi** in „Einführung in das Buch Joel" (pdf-Download von www.rogerliebi.ch)

[15] Die 4-Stufigkeit der Plage (1,4) wäre bei dieser Interpretation allerdings nahezu bedeutungslos. Auch Joel 2,2 wäre ein Problem: Das semitische Volk „Assur" war in Israel schon vor der Richterzeit bekannt (1.Mo.25,18/4.Mo.24,22-24). Es kann deshalb kaum als das mächtige Volk „wie es von Ewigkeit her nie gewesen ist" in Frage kommen.

[16] **Roger Liebi** in „Der Messias im Tempel", 1.Aufl. 2003, CLV, S.428/429.
Der Vergleich mit Offenb. 11 vernachlässigt allerdings die Tatsache, dass die Trockenheit in Joel 1 (und 2) die Folge der Verwüstung Judäas durch eine mächtige Nation ist, während die Regenlosigkeit in Offenb. 11 auf übernatürliche Fähigkeit der beiden Zeugen zu-

sind daher für Liebi allesamt „Hinweise auf den Dritten Tempel"[17]. Diese Annahme setzt allerdings voraus, dass das Land Israel zur Zeit des Dritten Tempels eine Verwüstung in einem noch nie dagewesenen Ausmaß erleben wird, denn die Frage Joels „Ist solches in euren Tagen geschehen oder in den Tagen eurer Väter?" macht deutlich, dass es die von Joel beschriebene Verwüstung des Landes in diesem Ausmaß selbst in den Tagen der Väter nicht gab[18]. Die Tempelhinweise in Joel 1 und 2 können daher kaum Hinweise auf den Dritten Tempel sein, denn es ist schwer vorstellbar, dass – nachdem der HERR bereits damit begonnen hat, seinem Volk das Korn und den Most und das Öl zu senden – dem Land Israel erneut eine Verwüstung bevorstehen soll, die sogar noch größer als alles bisher Dagewesene ist.

Liebi und Rossier unterscheiden sich auch in der Reihenfolge der endzeitlichen Ereignisse. Rossier schreibt: „Alsbald aber nach der Drangsal jener Tage (wovon der Einfall des Assyrers der letzte Akt sein wird) wird die Sonne verfinstert werden."[19] Für Liebi ist es dagegen nicht der letzte Akt, sondern das erste Ereignis der großen Drangsal, da er die Meinung vertritt, dass Israel nach dieser Invasion für 3 ½ Jahre völlig vertrocknen wird.

---

rückzuführen ist, die damit über die Grenzen Judäas hinaus „die auf der Erde wohnenden" (Offenb.11,10) quälen werden.

[17] siehe auch **R.Liebi** in „Der Messias im Tempel", Seiten 111 und 514

[18] eine 3 ½ - jährige Regenlosigkeit hat es in Israel allerdings schon zu Zeiten des Elia gegeben (Jak.5,17)

[19] Quelle: www.bibelbrunnen.de/Dokumente/RossierJoel4.php, Seite 3

Ellisen

Ellisen erkennt ebenfalls, dass es nicht möglich ist, Joel eindeutig zu datieren, legt sich aber dann doch auf eine Datierung fest[20] und behauptet, dass Joel „etwa 20 Jahre nach dem Auftreten Obadjas" gepredigt habe, während der historische Zweck seiner Botschaft „im Aufruf Judas zu nationaler Buße als Reaktion auf die Heuschrecken- und Dürregerichte, um nicht Opfer einer größeren Plage zu werden", bestehe, wobei er allerdings nicht erklärt, was er unter einer „größeren Plage" versteht und warum bzw. mit welchen Worten Joel seiner Meinung nach die größere Plage angekündigt haben könnte. Die ungeheure Heuschreckenplage sei – so Ellisen – jedenfalls „nur ein Vorgeschmack auf den kommenden Tag des HERRN" gewesen.[21] Die „Dürre zur Zeit Joels (1,15)" kann seiner Meinung nach sogar als „Tag der göttlichen Weltherrschaft"[22] gesehen werden, was er dann aber nicht weiter begründet. Es wird sich auch kaum exegetisch aus den Worten Joels bzw. der Heiligen Schrift erarbeiten lassen.

Gaebelein

Auch Gaebelein glaubt, dass Joel in Kapitel 1 von einer zu seiner Zeit stattgefundenen Katastrophe sprach, die auf ein größeres Gericht aufmerksam machen soll. Er schreibt: „Inmitten der ungewöhnlichen Beschreibung der zu seiner Zeit hereingebrochenen Katastrophe sieht Joel das Heran-

---

[20] um 825 v. Chr. (siehe „Von Adam bis Maleachi", S. 211). Seiner Meinung nach ist Joel damit „einer der frühesten Propheten" (aus: „Wem gehört das Land?", CLV, 1. Aufl. 2005, S. 169)
[21] **Stanley A. Ellisen** in „Von Adam bis Maleachi", S. 213
[22] **Stanley A. Ellisen** in „Von Adam bis Maleachi", S. 215

nahen eines größeren Gerichts"[23] Davon sei dann in Kapitel 2 die Rede. Hierzu führt er aus: „Kapitel 2 führt uns dann sogleich ans Ende der Zeiten der Nationen, zu dem Augenblick, da der Tag des HERRN anbricht."[24] Außerdem schreibt er: „Am Ende der 'Zeiten der Nationen', in deren Verlauf Jerusalem zertreten wird, findet der letzte Einfall in das Land statt. Darum geht es in der Beschreibung in Kapitel 2."[25] Doch der letzte Einfall in das Land wird nicht von einem einzigen mächtigen Volk durchgeführt, vor dem die anderen Völker zittern (2,5-6), sondern von allen Nationen (4,11-12) gemeinsam (Sach.14,2f). Zu dieser Zeit wird Jerusalem keine militärisch bedeutsamen Stadtmauern mehr haben (Sach.2,8). Diejenigen Exegeten, die wie MacDonald, Darby, Liebi, Ellisen und Gaebelein davon ausgehen, dass Joel 2,1-11 sich noch erfüllen muss, scheinen zu übersehen, dass in Joel 2 eine von Mauern umgebene Stadt überfallen wird (2,7-9). Das passt aber nicht zu den letzten Tagen, denn in den letzten Tagen bzw. „nach vielen Tagen [...] am Ende der Jahre" (Hes.38,8) wird das Land Israel als ein offenes Land ohne Mauern, Riegel und Tore daliegen (Hes.38,11). Joel 2 kann daher nicht die Zukunft im Auge haben.

Keil

Der Alttestamentler C. F. Keil indes kann in Joel 1und 2 überhaupt keinen militärischen Einfall in das Land erkennen. Seiner Meinung nach ist das hier beschriebene Gerichtshandeln des Allmächtigen ein „so eben erlebtes Factum", bestehend aus wiederholt eingefallenen Heuschreckenschwär-

---

[23] **Arno C. Gaebelein** in „Kommentar zum AT", S. 537
[24] **Arno C. Gaebelein** in „Kommentar zum AT", S. 538
[25] **Arno C. Gaebelein** in „Kommentar zum AT", S. 536

men in Verbindung mit außergewöhnlicher Gluthitze, das dem Propheten seinerzeit als Ruf zur Buße und als Vorankündigung des kommenden Weltgerichtes diente. Der reale Hintergrund der Schilderung ist für ihn auch in 2,7-10 die Heuschreckeninvasion, denn: „In v. 7-10 wird die Vergleichung des Heuschreckenheeres mit einem wohlgerüsteten Kriegsheere weiter ausgeführt". Und: „Auch diese Beschreibung passt zum größten Teile wörtlich auf das Vorrücken der Heuschrecken." Das hier beschriebene, zielgerichtete Vorgehen, das für Heuschrecken eigentlich undenkbar ist, erklärt er wie folgt: „Dies übersteigt allerdings die Natur der Heuschrecken, erklärt sich aber daraus, dass sie als ein unbesiegbares Gottesheer dargestellt werden."[26]

Holland

M. Holland sieht in dem mächtigen Volk, das in Joel 2,1-11 beschrieben wird, gar ein Heer von Engeln, das zusammen mit Jahwe am Tag des HERRN auf diese Erde kommen wird. Er schreibt: „Verbrennt eine furchtbare Dürre, eine Naturkatastrophe alles Grüne vor ihm, dem Heuschreckenheer? [...] Oder ist an Gottes Heer, mit dem er zum Gericht kommt, zu denken? Für letztere Deutung spricht, dass das doppeldeutige Wort vom 'Volk' (2,2) an den Tag Jahwes erinnert, an dem er mit seinen Engelheeren zum Gericht kommen wird. Gott selber kommt aus dem Feuer herab."[27] Es wird allerdings nirgendwo in der Bibel berichtet, dass Gott kommen wird, um mit seinem Engelheer über die Stadt Jerusalem herzufallen

---

[26] **Carl Friedrich Keil** in „Biblischer Commentar über die zwölf kleinen Propheten", dritte Auflage, Leipzig, Dörfling und Franke, 1888, S.138,

[27] **M. Holland** in „Der Prophet Joel", S.40, Wuppertaler Stb.

(2,9). Das 'mächtige Volk' wird auch nur eine begrenzte Zeit existieren (2,2), was man von einem Engelheer sicherlich nicht behaupten kann, da Engel nicht sterben.

Unger

Merrill F. Unger vertritt eine ähnliche Auffassung. Auch er ist der Meinung, dass die in Joel 2,11 erwähnte Heeresmacht aus Heiligen und Engeln besteht. Allerdings sieht er – im Gegensatz zu M. Holland – in Joel 2,1-10 andere, von der Heeresmacht des HERRN zu unterscheidende Armeen heranrücken und behauptet: „Dieser Schriftabschnitt bezieht sich auf das zweite Kommen Jesu und ist eine Phase des gewaltigen Kampfes bei Harmagedon."[28] Doch in Joel 2 wird die Stadt Jerusalem überfallen (2,1.9), und Harmagedon (Offenb.16,16) ist nicht Jerusalem.

Brandenburg

Der Theologe Hans Brandenburg sieht in Joel 2,1-11 „das Bild einer Invasion". Er scheint mit der Auffassung von M.Holland übereinzustimmen, denn er schreibt: „Dieses alles zerstörende Kriegsvolk ist eine Gerichtsrute in Jahves Hand. [...] Jahve selbst scheint dieses Gerichtsheer als das seine anzusehen. [...] Dieses Kriegsvolk ist der Vollstrecker seines Wortes. Der Ausdruck steht in Ps.103,20 für die Engel Gottes."[29] Auch die Heuschrecken bedürfen seiner Meinung nach keiner weiteren Erklärung, denn hierzu schreibt er: „Trotz aller realistischen Schilderung ist die Entscheidung: Heuschrecken oder Krieger?

---

[28] **Merrill F. Unger** in: „Ungers großes Bibelhandbuch", Ausg. 1990 CLV, Seite 310

[29] **Hans Brandenburg** in: „Das lebendige Wort", Band 9, Brunnen-Verlag 1963, Seite 12/13

zutiefst unwichtig. Es genügt zu wissen: Es handelt sich um Werkzeuge des Gottesgerichtes."[30]

Fruchtenbaum

Für Fruchtenbaum ist das mächtige Volk in Joel 2,1-11 ebenfalls ein übernatürliches Heer, allerdings ein Heer von zweihundert Millionen Dämonen, da er in diesem Abschnitt das sechste Posaunengericht (Offenb. 9,13-21) erkannt zu haben meint. Er schreibt hierzu: „Ein Alarm wird gegeben (Vers 1), der das Herannahen der Dämonenarmee und den Beginn der Rache Gottes am Tag des Herrn ankündigt. [...] Die Auswirkungen (2,10) der Invasion schließen auch Erschütterungen in der Natur und eine totale Finsternis – die dritte der Endzeit – ein. Der Abschnitt schließt, indem der Grund für die Invasion angegeben wird (2,11): sie stellt den Zorn Gottes und sein Gericht dar. Das Heer ist gewaltig groß, denn es sind zweihundert Millionen Dämonen, genug zur Vollstreckung des Wortes Gottes: ein Drittel der Menschheit wird vernichtet."[31] Mit dieser Interpretation ignoriert Fruchtenbaum allerdings einige wichtige Unterschiede: Joel fordert zum Alarmblasen auf dem Berg Zion (2,1) auf, beschreibt die Verwüstung des Landes Juda (2,3) und die Eroberung der Stadt Jerusalem (2,1.9), wogegen es im sechsten Posaunengericht nicht um Juda und Jerusalem geht, sondern um den dritten Teil der gesamten Menschheit, der durch die drei dämonischen Plagen Feuer, Rauch und Schwefel getötet werden soll. Der Alarm für diese Plagen wird nicht auf Zion,

---

[30] **Hans Brandenburg** in: „Das lebendige Wort", Band 9, Brunnen-Verlag 1963, Seite 5

[31] **Arnold G. Fruchtenbaum** in „Handbuch der biblischen Prophetie", S. 199

sondern von einem Engel im Himmel geblasen.

MacArthur

MacArthur geht davon aus, dass Joel 1 einen gegenwärtigen[32] Tag des HERRN beschreibt, an dem die Heuschrecken das Land verwüsten. Kap. 2 ist für ihn ein Übergang zum eschatologischen Tag des HERRN, den er erst in Kap. 2,18-4,21 sieht. In Kap. 2,1-17 sieht er dagegen noch die Heuschreckenplage aus Kap. 1: „Die Entscheidung des Propheten, Bilder zu verwenden wie: 'wie Rosse sehen sie aus' (2,4) und 'wie Helden' (2,7), deutet an, dass er nach wie vor die Heuschreckenplage benutzt, um eine Invasion zu veranschaulichen, die nur den Tag des HERRN beschreiben kann."[33] MacArthur sagt aber nicht, welche Armee seiner Meinung nach diese Invasion durchführt. Diese Deutung fehlt. Damit verschweigt er seinen Lesern die Erklärung eines zentralen Gegenstandes der Prophetie Joels. Da Heuschrecken kein Feuer legen können, ist MacArthur zudem gezwungen, das in Joel 1,19.20 erwähnte Feuer zu allegorisieren: „die Heuschreckenplage glich einem Feuersturm"[34]

Wiersbe

Wiersbe identifiziert darüber hinaus noch einen dritten 'Tag des HERRN'. Er schreibt: „Joel bezieht sich auf drei wichtige Vorkommnisse, die er alle jeweils als 'Tag des HERRN'

---

[32] Mit „gegenwärtig" meint er die Zeit Joels. Er behauptet, Joel sei zur Zeit des Königs Joasch Prophet in Juda gewesen und habe das Buch Joel in der Zeit von ca. 835 bis 796 v. Chr. verfasst (siehe „Basisinformationen zur Bibel", CLV, 2.Aufl. 2009, S. 164).

[33] **MacArthur**-Studienbibel, 2002, S.1192

[34] **MacArthur** in „Basisinformationen zur Bibel", CLV, 2.Aufl. 2009, S. 164

bezeichnet. Er sieht die Heuschreckenplage als einen *gegenwärtigen* 'Tag *des HERRN'* (1,1-20), die Invasion Judas durch die Assyrer als einen *bevorstehenden* 'Tag *des HERRN'* (2,1-27) und das letzte Gericht der Welt als den *letzten* 'Tag *des HERRN'* (3,1-4,21)." [35] Bezüglich der Invasion durch die Assyrer ergänzt er: „Gott erlaubte den Assyrern, das Land zu verwüsten, aber wunderbarerweise rettete er Jerusalem davor, eingenommen zu werden."[36] Ja, Gott hat Jerusalem seinerzeit vor den Assyrern gerettet, aber Wiersbe scheint zu übersehen, dass Joel hier nicht die Rettung Jerusalems, sondern die Eroberung Jerusalems vorausgesagt hat (2,7-9).

Penney

Auch Penney ist davon überzeugt, dass Joel 2,1-11 von der Invasion Judas durch die Assyrer (702 v.Chr.) spricht. Er schreibt: „Auf dieses Invasionsheer wird in Vers 11 als 'Heeresmacht (am) Tag des HERRN' Bezug genommen. Somit war die rhetorische Frage ('Wer kann ihn [den Tag des HEERN] ertragen?') angemessen. Patterson weist auf Folgendes hin: 'Sanherib konnte Jerusalem bei seinem dritten Feldzug zwar nicht einnehmen ... doch dies ist nebensächlich. Sanherib berichtete, dass er das Land völlig verwüstet habe, obwohl er zugab, dass er es nicht geschafft habe, Jerusalem einzunehmen.' Die Prophezeiung ging somit bei der Verwüstung des Landes durch das assyrische Heer wörtlich in Erfüllung." [37] Trotz des von Joel in 2,7-9 vorhergesagten

---

[35] **Warren W. Wiersbe** in „Sei erstaunt", Studien des Alten Testaments, S. 51

[36] **Warren W. Wiersbe** in „Sei erstaunt", Studien des Alten Testaments, S. 60

[37] **Russel L. Penney** in „Lexikon zur Endzeit", S. 312

Überfalls auf die Stadt Jerusalem (2,1) wird der in dieser Hinsicht erfolglose Feldzug Sanheribs von Penney (bzw. von Patterson) als nebensächlich bezeichnet! Die in der Bibel erwähnte Tatsache, dass keiner der Soldaten Sanheribs auch nur einen Pfeil in die Stadt hineinschießen (2.Kö.19,32) geschweige denn ihre Mauer ersteigen konnte (2,7.9), sollte eigentlich ausreichen, um zu erkennen, dass sich die Prophezeiung Joels (auch bei einer sehr frühen Datierung) nicht auf die Verwüstung des Landes durch das assyrische Heer beziehen kann.

Scofield

Die Scofield-Bibel kommentiert in dieser Hinsicht zurückhaltender: „In Joel wird gezeigt, dass diese Heuschreckenplage eine symbolische Bedeutung hat (1,13.14), dass sie eine kommende Invasion vorzeichnet (2,1-11), wenn keine Buße eintritt (2,12-17). Dieser drohende 'Tag des HERRN', der ein nahes Gericht bezeichnet, wird zu einem Vorschatten des gewaltigen, endgeschichtlichen Tages des HERRN, der noch nicht erfüllt ist."[38] Es bleibt hier allerdings offen, was unter dem nahen Gericht bzw. der kommenden Invasion zu verstehen ist. Zudem müssen Scofield, MacArthur, Wiersbe, Penney und andere bei ihren Interpretationen voraussetzten, dass Joel mehrere Tage des HERRN sah, obwohl Joel bei keiner Erwähnung dieses Begriffes auf den singulären Gebrauch des bestimmten Artikels „der" (1,15/2,2/2,11/3,4/ 4,14) verzichtet.

---

[38]   aus der Scofield-Bibel 1992: Erklärung zu Joel 1,4

Chisholm

Chisholm will sich in seiner Auslegung ebenfalls nicht festlegen und bemerkt zu Kap.2: „Wenn man eine vorexilische Abfassungszeit des Buches Joel vertritt, könnte es dabei entweder um die Assyrer oder um die Babylonier gehen. [...] Bei einer nachexilischen Abfassungszeit kann nicht sicher gesagt werden, auf welche Nation sich dieser Abschnitt bezieht. Das Heer trägt dann einen unbestimmten, apokalyptischen Charakter und steht vielleicht für die Feinde Israels ganz allgemein."[39]

Mit bemerkenswerter Offenheit gibt Chisholm hier zu, dass er nicht sicher sagen kann, auf welche Nation sich Joel 2,1-11 bezieht. Woran liegt das? Könnte es sein, dass man die Auslegung zu sehr von gewissen eschatologischen Prämissen abhängig gemacht hat und deshalb die Erfüllung des prophetischen Wortes jeweils nur in bestimmten Zeitfenstern der Geschichte bzw. der Prophetie erwartet, während man andere Zeitfenster aufgrund von (möglicherweise falschen) Prämissen von vorneherein ausschließt?

Ein wichtiger Grundsatz: Die Schrift erklärt sich selbst

Es wird jedenfalls bisweilen zu wenig bedacht, dass man einer Prophetie stets zugestehen muss, dass sie sich auf Zeiten oder Zeitpunkte beziehen kann, die völlig unabhängig von der Zeit ihrer Niederschrift sind. Datierungen können eine Hilfe oder eine Bestätigung der Auslegung sein. Sie dürfen die Auslegung aber nicht bestimmen. Dafür sind andere Kriterien heranzu-

---

[39] **R. B.Chisholm** in „Das AT erklärt und ausgelegt", Band 3, Seite 497-498

ziehen, nämlich solche, die sich aus der Einbettung der Inhalte und Aussagen der Prophetie in das Gesamtzeugnis der Heiligen Schrift ergeben. Sofern sich aus derartigen Studien Konflikte mit Prämissen bzw. Denkvoraussetzungen des Auslegers ergeben, sind dessen Prämissen, nicht aber die aus der exegetischen Arbeit am Wort Gottes resultierenden Kriterien zu hinterfragen.[40]

Wer davon überzeugt ist, dass die Heilige Schrift Vorhersagen enthält, die sich erfüllt haben bzw. noch erfüllen müssen, weil sie das geoffenbarte Wort des allmächtigen Gottes ist, der wird in ihr eine Einheit erkennen, die sich – weil sie von einem Geist inspiriert ist – als in sich geschlossen und selbsterklärend darstellt. Der Grundsatz „Die Schrift erklärt sich selbst" muss

---

[40] Unzureichende exegetische Arbeit, sowie fehlender Konsens im Blick auf Joel 1 und 2 führten nicht nur zu einer Vielzahl unterschiedlicher Deutungen, sondern bedauerlicherweise auch zur Ausbreitung von Irrlehren. So fand z.B. eine Irrlehre namens „Joels Armee" vor allem in der charismatischen Bewegung nahezu ungehindert Eingang. Hierzu schreibt **Georg Walter**: „Paul Cain war es, der [...] sich über alle exegetischen Prinzipien hinwegsetzte und ohne Berücksichtigung von Kontext, historischem Hintergrund und dem Literalsinn (wörtliche Bedeutung) einer Schriftstelle die Armee in Joel 2,11 »im Geiste« umdeutete. Für ihn war sie nicht eine Armee, durch welche Gott Gericht an seinem unbußfertigen Volk Israel ausübte, sondern er erklärte sie kurzerhand aufgrund einer »prophetischen Offenbarung« zur vollmächtigen Endzeitarmee von Charismatikern, welche ihren geistlichen Siegeszug über die Erde antreten würde. Diese Lehre, bekannt unter der Bezeichnung »Joels Armee«, hat mittlerweile bei vielen Charismatikern große Akzeptanz erfahren [...]. Dass sich einer solchen Auslegung der Heiligen Schrift unter »prophetischer Führung« oder »prophetischer Salbung« die Tür zu einer willkürlichen Deutung der Schrift auftut, ist nur wenigen Charismatikern bewusst." (Georg Walter in: „Der Angriff auf die Wahrheit", CLV, 1.Aufl.2009, S. 236/237)

daher die Grundlage aller Arbeit am Wort Gottes sein.[41] Den Bedingungen, die aus dem Studium der Heiligen Schrift resultieren, ist somit – bei allem berechtigten Interesse am Verfasser und seinem historischen Hintergrund – die höhere Priorität einzuräumen.[42]

Ausleger, die diesem Grundsatz nicht folgen, werden kaum erkennen können, was Joel vorhergesagt hat. Sie werden den Schlüssel nicht finden. Nicht als Gegenstand der Auseinandersetzung, aber als ein trauriges Beispiel eines solchen „Stocherns im Nebel" auf der Suche nach dem rechten Textverständnis sei hier der textkritische Theologe Merx angeführt, der für seine sehr aufwendige, überaus gründlich durchgeführte, die Sache selbst aber nicht erkennende Auslegung des Propheten Joel keine Quelle zu akzeptieren scheint, die jünger als das Buch Joel selbst ist. Für seine Exegese ignoriert er sogar das Neue Testament, da es seiner Meinung nach nur störend wirkt. Die Auffassung, dass Joel nach dem Neuen Testament gedeutet werden müsse, ist für ihn eine „irrige Voraussetzung."[43] Offensichtlich geht er davon aus, dass dieser Teil der Heiligen Schrift nichts zum Verständnis des Propheten Joel beizutragen hat.[44] Die

---

[41] Es besteht kein Zweifel, dass alle hier zitierten Ausleger (Ausnahme: Merx) diesem Grundsatz zustimmen, obwohl ihr Festhalten an diesem Grundsatz in dem einen oder anderen Fall nicht immer klar genug zu erkennen ist.

[42] auf eine Auseinandersetzung mit den Ansätzen liberaler Theologen wird in dieser Arbeit bewusst verzichtet, weil sie weder die göttliche Inspiration der Heiligen Schrift noch deren Prophezeiungen (die in ihren Augen keine sein können) akzeptieren.

[43] **Adalbert Merx** in: „Die Prophetie des Joel und ihre Ausleger", Halle, 1879, Seite 423

[44] im weiteren Verlauf dieser Studie werden wir jedoch erkenen, wie

Prophetie ergründet er wie folgt: „Form, Inhalt und Entwicklung der messianischen Idee in den Propheten aus ihnen selbst, ohne sofortige Berücksichtigung des neuen Testamentes, **welche nur störend wirkt**, abzuleiten und zu bestimmen, sodann ebenso für sich die neutestamentliche Lehre von Jesu genau zu eruieren und beides geschichtlich aneinander zu heften. Dies ist ein Theil der biblischen Theologie, die in dem Chaos, in welchem sich die ältere Theologie bewegt hat, Licht und Ordnung zu schaffen, die schwierige Aufgabe hat."[45]

Mit diesem falschen Ansatz verschließt er sich dann allerdings von vorneherein den Zugang zum Verständnis der Botschaft Joels. Anstatt dem Auslegungsgrundsatz „die Schrift erklärt sich selbst" zu folgen und die ganze Schrift, bestehend aus Altem und Neuem Testament, und zwar als eine fortschreitend geoffenbarte Schrift eines einzigen Autors in seine wissenschaftlichen Arbeiten einzubeziehen, scheint Merx einer falschen Prämisse des Theodor von Mopsuestia verfallen zu sein, denn er schreibt: „In der That lehrt auch Theodorus nicht nur, dass die Juden jetzt solche Dogmen, welche erst christlich sind, nicht kennen und nie gekannt haben, z. B. die Trinität, sondern dass auch sowohl objectiv der Sache nach, als subjectiv für die Schriftsteller und Leser des Alten Testamentes in dem Wortlaute des Alten Testamentes solche Lehren nicht ausgesprochen sind, **woraus sich für die**

---

eminent wichtig gerade die Aussagen des Neuen Testamentes für das Verständnis der Botschaft Joels sind. Ohne sie ist es nicht möglich, Joel zu verstehen und zutreffend auszulegen.

[45] **Adalbert Merx** in: „Die Prophetie des Joel und ihre Ausleger", Halle, 1879, Seite 411 (Hervorhebungen durch den Verfasser. Im Original sind keine Hervorhebungen vorhanden)

Citationen des neuen Testamentes ergibt, dass häufig alttestamentliche Stellen nicht nach ihrem rechten historischen und localen Sinne von den Aposteln angewendet werden. [...] Ebenso folgt aus diesem Grundsatze, dass specifisch christliche Lehren nicht aus alttestamentlichen Stellen abgeleitet, oder wie man zu sagen pflegt, bewiesen werden können, und dass man bei der Auslegung stets Sinn und Meinung des einzelnen Schriftstellers selbst festzuhalten habe, **und nicht ortsfremde Gedanken unterschieben dürfe, um den Sinn richtig zu verstehen.**"[46]

Mit einer derart irrigen Doktrin wird man die Schrift jedoch niemals recht verstehen können, selbst wenn man alle Gelehrsamkeit der Welt besäße. Wer die Bibel nicht als ein Gesamtwerk des Heiligen Geistes begreift, wer hier den Geist Gottes nicht uneingeschränkt walten lässt, wer nicht akzeptiert, dass auch die Apostel in der Autorität Gottes, getrieben vom Heiligen Geist, gesprochen haben, ja, wer nicht anerkennt, dass der Lichtstrahl der apostolischen Offenbarungen auch die Schriften der alten Propheten erhellt, der ist in der Tat kein bibeltreuer Schriftgelehrter, sondern nur ein Weiser dieser Welt, dem Gott den Sinn seines Wortes trotz aller Belesenheit nach wie vor verborgen hält.

---

[46] Ebd., Seite 117/118 (Hervorhebungen durch den Verfasser. Im Original sind keine Hervorhebungen vorhanden)

C) Auslegungskriterien

Das Verständnis Joels vom Tag des HERRN

Ein wesentliches Kriterium für die Auslegung des Propheten Joel ist zweifellos eine zutreffende Auffassung über das Verständnis Joels vom Tag des HERRN. Sah Joel verschiedene, zeitlich voneinander unabhängige Tage des HERRN oder sah er nur einen Tag des HERRN, an dem sich die verschiedenen, von Joel beschriebenen Ereignisse abspielen? Die Antwort auf diese Frage sollte nicht den Denkvoraussetzungen des Auslegers folgen. Sie kann aus dem Text erarbeitet werden, denn der Text ist in dieser Hinsicht eindeutig. Der Ausdruck „Tag des HERRN" wird von Joel an fünf Stellen verwendet (1,15/2,2/2,11/3,4/4,14), wobei dieser Terminus stets im Singular und immer in Verbindung mit einem bestimmten Artikel erscheint. Joel verwendet auch unbestimmte Artikel (z.B. *ein* Tag der Finsternis, *ein* Tag des Gewölks) doch beim Tag des HERRN wählt er ausnahmslos den bestimmten Artikel: „der".

Hinzu kommt die Beobachtung, dass Joel in Kapitel 3,4 ausdrücklich die Worte „der große und furchtbare" hinzufügt, um damit unverwechselbar deutlich zu machen, dass es sich um den selben Tag handelt, den er bereits in Kapitel 2,11 als „groß und sehr furchtbar" beschrieben hat.

Wenn man diese eindeutigen sprachlichen und semantischen Fakten nicht ignorieren will, muss man davon ausgehen, dass es sich in allen fünf Fällen um denselben Zeitraum „Tag des HERRN" handelt.

Das Verständnis der Apostel vom Tag des HERRN

Joel wird im NT von Petrus (Apg.2,17-21) und von Paulus (Rö.10,13) zitiert. Aus diesen Zitaten ergeben sich wichtige Festlegungen zur Einordnung der Botschaft Joels in den biblischen Gesamtkontext.

Im Blick auf den Tag des HERRN bildet das Zitat des Apostels Petrus eine Brücke zwischen dem AT und dem NT. Der Kontext, in dem hier zitiert wird, belegt, dass der von Joel angekündigte „Tag des HERRN" mit dem im NT mehrfach erwähnten „Tag des HERRN" identisch ist und dass der Nazoräer Jesus zugleich der HERR ist, auf den sich der Zeitraum „Tag des HERRN" bezieht. Da Gott den Gekreuzigten seinerzeit auferweckt und zum „HERRN als auch zum Christus gemacht" hat (Apg.2,36), kann sich der von Joel beschriebene Tag dieses HERRN nicht auf vor seiner Auferweckung liegende Ereignisse beziehen. Der Tag des HERRN kann daher keine Ereignisse aus der Alttestament-lichen Zeit beinhalten. Er muss sich auf eine Zeit beziehen, in der der Auferstandene der HERR ist.

Diese, aus dem Vergleich von Schrift mit Schrift stammende, temporäre Bedingung für die Botschaft Joels über den Tag des HERRN darf nicht vernachlässigt werden. Sie ist ein von dem Problem der Datierung des Buches Joel unabhängiges und ein auf jeden Fall zutreffendes Kriterium für die Auslegung.

Das Verständnis der Apostel vom Namen des HERRN

Die Aussage Joels „Jeder, der den Namen des HERRN anruft, wird errettet werden" wird sowohl von Petrus als auch von Paulus in einem Kontext zitiert, in dem ohne jeden Zweifel Jesus Christus der HERR ist, dessen Name anzurufen ist. Das ist sowohl in Rö.10 als auch in Apg.2 der Fall.[47] Im Licht dieser Offenbarung kann konsequenterweise das ganze „Wort des HERRN, das zu Joel [...] geschah" (1,1) als Wort, in dem der auferstandene HERR Jesus Christus der Handelnde ist, gesehen werden. Die Botschaft Joels kann von daher durchgängig eine Botschaft Jesu Christi an sein Volk Israel sein, während der von Joel angekündigte „Tag des HERRN" als „Tag des HERRN Jesus Christus" angesehen werden kann. Auch diese Kriterien, die sich aus der Einbettung des Buches Joel in das Gesamtzeugnis der Heiligen Schrift ergeben, gelten unabhängig von seiner Datierung.

Das Verständnis Hesekiels vom Tag des Gewölks

In Joel 2,2 wird der Tag des HERRN u.a. als ein „Tag des Gewölks" beschrieben. Dieser Ausdruck erscheint insgesamt nur viermal in der Heiligen Schrift. Davon wird er dreimal als Synonym für den Tag des HERRN verwendet (Hes.30,3/ Joel2,2/Zeph.1,15). Nur einmal wird dieser Ausdruck allein stehend gebraucht (Hes.34,12). Da Hesekiel aber den „Tag des Gewölks" in Kap.30,3 bereits als „Tag des HERRN" definiert

---

[47] Petrus weist zudem darauf hin, dass Joel 3,1 von Jesus Christus erfüllt wurde, indem er den Geist an Pfingsten auf die Jünger Jesu ausgegossen hat (Apg. 2,33). Das bedeutet, dass das „ich" in Joel 3,1 Jesus Christus meint. ER ist es, der hier redet.

hat, ist – dem schlichten Sprachverständnis folgend – davon auszugehen, dass Hesekiel in Kap.34,12 mit dem Ausdruck „Tag des Gewölks" ebenfalls den „Tag des HERRN" meint.

Dieses Verständnis wird durch die Tatsache gestützt, dass die Heilige Schrift keine andere Definition für den „Tag des Gewölks" kennt. Sie bezeichnet nur den „Tag des HERRN" als „Tag des Gewölks". MacArthur kommentiert deshalb zum „Tag des Gewölks" in Hes.34,12 wie folgt: „damit ist das Gericht über Israel am 'Tag des HERRN' gemeint."[48]

Für Maier ist der „Tag des Gewölks" in Hes.34,12 „die Gerichtszeit, in der Jerusalem unterging."[49] Das sieht auch Gaebelein so, denn er schreibt: „und so wurden vor nahezu zweitausend Jahren die Schafe zerstreut und [...] wurden Wanderer unter den Völkern der Erde. [...] Der umwölkte, dunkle Tag, die Zeit der Heiden, ist vorüber und ein neuer Morgen bricht an [...]"[50] Bemerkenswert ist hier auch die Tatsache, dass Gaebelein den Tag des Gewölks die „Zeit der Heiden" nennt, von der ein beachtlicher Teil bereits vergangen ist.[51]

---

[48] **MacArthur**-Studienbibel, 2002, S.1128
[49] **Gerhard Maier** in „Der Prophet Hesekiel", S.160, Wuppertaler Stb.
[50] **Arno C. Gaebelein** in „Kommentar zum AT", S. 455
[51] Es wäre daher aufgrund von Hes.30,3 nur konsequent, wenn Gaebelein diese Zeit dann auch als „Tag des HERRN" bezeichnet hätte.

Daraus ergibt sich eine weitere Bedingung, die bei der Entschlüsselung der Botschaft Joels unbedingt beachtet werden muss: Wenn Hesekiel mitteilt, dass Israel am „Tag des Gewölks" zerstreut wird (bzw. zerstreut wurde), dann gehört diese Zerstreuung Israels auch zu dem von Joel angekündigten „Tag des Gewölks" (2,2). Dabei ist zu beachten, dass der Prophet in Hes.34,12 von der letzten, von der weltweiten Zerstreuung Israels [52] spricht, denn Israel wird nach der Sammlung [53] aus dieser Zerstreuung „nicht mehr durch Hunger im Land weggerafft werden ..." (Hes.34,29).

Die gesamte Botschaft des Propheten Joel über den Tag des HERRN muss sich daher durchgängig auf eine Zeit beziehen, die zur Zeit der Apostel Petrus und Paulus noch Zukunft war. Nichts von dieser Botschaft kann sich in Alttestamentlicher Zeit bereits erfüllt haben. Das ist eine wesentliche Auslegungsprämisse, die sich aus der Untersuchung der Einbettung des Buches Joel in das Gesamtzeugnis der Heiligen Schrift ergibt.

---

[52] Die letzte Zerstreuung in der Geschichte Israels war das Werk der römischen Streitkräfte, die in den Jahren 67-135 n.Chr. das Land Judäa systematisch verwüstet, die Israeliten vertrieben und in alle Welt zerstreut haben.

[53] **MacDonald** geht in seinem Kommentar zu Hes.34,11-16 ebenfalls davon aus, dass es sich hier um die Sammlung Israels zu Beginn des Millenniums handelt (Kommentar zum AT, S.1049/ 1050)

Auch **Ervin R. Starwalt** vertritt diese Auffassung, denn er schreibt im Beitrag „Hesekiel Eschatologie" (Lexikon zur Endzeit, S. 253) wie folgt: „Das Tausendjährige Reich wird in der Weissagung vom guten Hirten sichtbar, der seine zuvor zerstreuten Schafe sammelt (34,11-31)."

Das Verständnis des Wortes „Tag"

Da der Tag des HERRN das Thema der Botschaft Joels ist[54] (darin sind sich fast alle Exegeten einig), der Begriff „Tag" in diesem Zusammenhang von Joel neunmal erwähnt und jeweils mit unterschiedlichen Ereignissen gefüllt wird, sollte auch dargelegt werden, was der Begriff „Tag" im Sprachgebrauch der Heiligen Schrift (und damit auch im Sprachgebrauch von Joel) bedeutet.

Da der von Joel beschriebene Tag der Finsternis und der Dunkelheit (Joel 2,2) bzw. der große und furchtbare Tag des HERRN (Joel 3,4) nach der Meinung des Apostels Petrus zugleich der große und herrliche bzw. strahlende Tag des HERRN ist (Apg.2,20), ergeben sich zudem die folgenden Fragen: Wie passen diese Gegensätze zusammen? Wie geht Finsternis bzw. Dunkelheit mit Herrlichkeit und Licht einher?

Die Antwort finden wir in der Definition des Begriffes „Tag". Dieses Wort ist in der Schrift wie folgt definiert (1.Mo.1,5): „und Gott nannte das Licht Tag und die Finsternis nannte er Nacht. Und es wurde Abend, und es wurde Morgen: e i n[55]

---

[54] So schreibt z.B. **Rossier:** „In der Tat beschränkt sich die Prophezeiung Joels auf **den Tag Jahwes,** so dass sie darnach betitelt werden könnte."
(www.bibelbrunnen.de/Dokumente/RossierJoel1.php, Seite 2)

[55] **Ellisen** erklärt: „Die Grundbedeutung von *echad* ist »einzig« oder »Einheit«. [...] In 1. Mose 1,5 wird der Ausdruck zum Beispiel für die Zusammenlegung des ersten Abends und Morgens der Schöpfung gebraucht, wo es heißt: »ein Tag«. Und in 1. Mose 2,24 wird das Wort gebraucht, um die Einheit von Adam und Eva zu beschreiben, die »ein Fleisch« wurden. In 2. Mose 36,18 wird das Wort gebraucht, als Teile des Zeltdachs der Stiftshütte zusammengefügt werden, damit es »ein Ganzes« ist" (aus: „Wem gehört das Land?", CLV, 1.

Tag." [56]

Diese Definition macht deutlich, dass Gott dem Begriff „Tag" von Anfang an zwei Bedeutungen [57] gegeben hat, nämlich

(a)   die Zeit einer Lichtperiode und
(b)   die Zeit einer Lichtperiode plus die Zeit einer Finsternisperiode.

Wegen dieser grundsätzlichen Zweideutigkeit des Begriffes „Tag"[58] muss man bei jedem Vorkommen dieses Wortes ent-

---

Aufl. 2005, S.178)

[56]   Bei dieser Stelle handelt es sich um die erste Erwähnung des Wortes „Tag" in der Bibel

[57]   **Fruchtenbaum** kommentiert die zweite Bedeutung des Begriffes „Tag" in 1.Mo.1,5 wie folgt: „Der *Abend* wird zuerst genannt, weil der Tag in jüdischer Zeitrechnung mit dem *Abend* beginnt. Der Tag geht von Sonnenuntergang bis Sonnenuntergang. Diese Ausdrucksweise »Abend und Morgen« lässt einfach gar nichts anderes als einen Zeitraum von 24 Stunden zu." (Dr. Arnold G. Fruchtenbaum in „Das 1. Buch Mose, Kapitel 1-11, Eine Auslegung aus messianisch-jüdischer Perspektive", S. 54)

[58]   **W. Gitt** führt hierzu aus: „Das Wort »Tag« kommt in der Bibel 2182 mal vor und wird in buchstäblichem Sinne verwendet. Wie im Deutschen und vielen anderen Sprachen bedeutet das Wort »Tag« (hebr. *jom*)
- einen Zeitabschnitt von 24 Stunden, der auch die Nacht mit enthält.
  Es handelt sich also um den rechnerischen Kalendertag oder
- jenen Zeitabschnitt, der vom Tageslicht beherrscht wird (z.B. 1.Mo.1,5; 1.Mo.8,22; Jos.1,8)
[...] Das Wort »Tag« kommt im Alten Testament über 200-mal in Verbindung mit einem Zahlwort vor. In *jedem* dieser Fälle ist stets ein 24-Stunden-Tag angezeigt." (Prof. Dr. Ing. Werner Gitt in: Das biblische Zeugnis der Schöpfung, S.38)

scheiden, welche der beiden Bedeutungen ihm im jeweils konkreten Fall zukommt. Dabei bestimmt der Kontext, was mit dem Begriff „Tag" gemeint ist. Diese grundsätzliche Zweideutigkeit galt bereits für den ersten Schöpfungstag. Sie gilt unverändert für alle Tage bis hin zum jüngsten Tag. Es gibt somit keinen Grund, den Tag des HERRN davon auszunehmen. Wäre dieser Zeitraum nicht wie e i n Tag, würde er die Bezeichnung „Tag" ohnehin nicht verdienen.[59]

Es ist also auch beim „Tag des HERRN" jeweils vom Kontext her zu entscheiden, ob der Prophet (1) einen vollen Tag (incl. Nacht) oder (2) nur die Lichtperiode (ohne Nacht) oder (3) nur einen kleinen Zeitabschnitt bzw. Zeitpunkt des Tages meint.

Im Judentum beginnt der Tag immer mit der Finsternisperiode, während die Lichtperiode stets den zweiten Teil eines vollständigen Tages bildet. Dieser sowohl zur Zeit des Propheten Joel als auch zur Zeit der Apostel gebräuchliche Rhythmus macht bei Anwendung auf das Zitat des Apostels Petrus deutlich, dass sowohl Joel 3,4 als auch Apg. 2,20 lediglich den zweiten Teil des Tages des HERRN im Blick haben, den Teil also, der

---

[59] diese Aussage scheint auch **Walvoord** zu akzeptieren, denn er schreibt: „Die Hauptereignisse des Tages des Herrn werden eintreten, nachdem die große Trübsal begonnen hat, ganz wie ein 24-Stunden-Tag um Mitternacht beginnt und nach der Morgendämmerung ereignisreich wird." (John F. Walvoord in: „Was kommt auf uns zu?", Hänssler, 2003, S. 319). Walvoord sieht also den Charakter des Tages des HERRN ebenfalls wie einen 24-Stunden-Tag. Walvoord scheint bei seiner Auffassung allerdings zu übersehen, dass es in der Bibel keinen einzigen Tag gibt, der um Mitternacht beginnt. Der Beginn des 24-Stunden-Tages ist hier immer der Abend.

erst nach der Finsternisperiode kommt, und den man gemäß obiger Definition „(a)" ebenfalls „Tag" nennt. Joel 2,2 hat dagegen den ersten Teil des Tages des HERRN (die Finsternis) im Focus, weil der Tag mit der Finsternisperiode beginnt (und weil seine Lichtperiode erst im Anschluss an die Finsternisperiode erscheint).

Man kann es auch so formulieren: In Joel 2 ist der große und sehr furchtbare Tag des Herrn (2,11) ein Tag der Finsternis und der Dunkelheit (2,2), während er in Joel 3,4 zugleich ein großer und herrlicher Tag (Apg.2,20)[60] ist. Der erste Teil des Tages des HERRN ist für das jüdische Volk nicht nur furchtbar, sondern auch finster und dunkel, während der zweite Teil dieses Tages zwar ebenfalls furchtbar, zugleich aber auch herrlich und strahlend[61] sein wird. Im ersten Teil des Buches Joel sieht der Prophet daher die Finsternisperiode des Tages des HERRN, während er im zweiten Teil des Buches Joel die sich daran anschließende Lichtperiode des Tages des

---

[60] Petrus benutzt hier das gr. Wort *epiphanes* (d.h.: herrlich, leuchtend, prächtig, glanzvoll), das sich auch schon in der Septuaginta (LXX) findet. Petrus erhebt somit die an dieser Stelle in der LXX im Buch Joel verwendete Lesart in den Rang eines Originalmanuskripts. Ob der Prophet Joel selbst in seinem Urtext seinerzeit möglicherweise ebenfalls diesen Tag als „herrlich" (statt „furchtbar") beschrieben hat, ist indes nicht mehr feststellbar, da uns der Urtext selbst nicht vorliegt.

[61] **Keil** kommentiert das Zitat des Apostels wie folgt: „Bei Anführung dieser Stelle folgt Petrus im Ganzen der LXX, auch in ihren Abweichungen vom Grundtexte, [...], weil diese Abweichungen für seinen Zweck von keiner Bedeutung waren." (Keil, kleine Propheten, 3.Aufl. 1888, S.154). Von Bedeutungslosigkeit kann hier allerdings keine Rede sein, da dem Zitat des Apostels in der vorliegenden Form als Bestandteil der Heiligen Schrift die selbe Autorität gegeben ist.

HERRN vor Augen hat.[62] Diese beiden Zeiträume sind zu unterscheiden. Dennoch bilden sie zusammen *einen* Tag, den Tag des HERRN.[63]

---

[62] insofern ist es auch treffend, wenn **Liebi** das Thema des Buches Joel wie folgt formuliert: „Aus der Finsternis zum Licht" (R.Liebi in „Einführung in das Buch Joel")

[63] Diesen Charakter des Tages des HERRN habe ich beim Studium von Lk.17,22-35 erkannt und in einer separaten Arbeit (siehe http://www.bibelportal.de/images/pdf/der_tag_des_herrn.pdf) eingehend behandelt (s. auch unter Weblinks in http://de.wikipedia.org/wiki/Tag_des_Herrn). Hier wird auch eine ausführliche Definition des Ausdrucks „Tag des HERRN" erarbeitet.

Zusammenfassung

Die in diesem Abschnitt vorgelegten, aus der Heiligen Schrift erarbeiteten Auslegungskriterien können zusammenfassend wie folgt formuliert werden:

1. Joel sieht nur e i n e n Zeitraum „Tag des HERRN".

2. Da Petrus den auferstandenen Jesus als HERRN identifiziert, kann sich der Tag dieses HERRN nicht auf Ereignisse der Alttestamentlichen Zeit beziehen.

3. Die gesamte Botschaft Joels kann als Wort, in dem der auferstandene HERR Jesus Christus der Handelnde ist, verstanden werden.

4. Joel erwähnt den „Tag des Gewölks", an dem das Volk Israel aus seinem Land vertrieben wurde.

5. Der Zeitraum „Tag des HERRN" umfasst eine Finsternis- und eine Lichtperiode, wobei die Lichtperiode für sich allein auch „Tag" genannt wird.

6. Joel sieht im ersten Teil seiner Botschaft die Finsternisperiode und im zweiten Teil die Lichtperiode dieses Tages.

Da es sich hierbei ausschließlich um Kriterien aus der Heiligen Schrift handelt, sind sie für die Auslegung des Propheten Joel von hoher Relevanz. Bezüglich der ersten Hälfte des Buches Joel (bis 2,17) ist somit klar erkennbar, dass die Kriterien 2, 3 und 4 auf eine Zeit zeigen, die von den in dieser Studie zitierten Exegeten offensichtlich nicht in Erwägung gezogen wurde: die Zeit der jüdischen Aufstände gegen die Römer im ersten und zweiten Jahrhundert n. Chr. einschließlich deren Folgen für die Juden und für ihr Land.

Derartige Erkenntnisse stoßen allerdings vielfach voreilig auf Widerstand. Es wird nämlich oft argumentiert, dass sich die Ereignisse von Joel 2 noch nicht erfüllt haben können, weil Joel in diesem Kapitel den endzeitlichen Tag des HERRN erwähne, der allerdings noch nicht gekommen sein kann, da die für das Kommen dieses Tages entscheidenden Voraussetzungen, nämlich der Abfall und das Offenbarwerden des Antichristen noch nicht erfolgt seien.[64] Da Paulus zudem die Gläubigen davor warne, sich diesbezüglich von niemand verführen zu lassen, wird – auch wenn Joel 2 nicht eindeutig (und schon gar nicht problemlos) in ein zukünftiges Szenario eingebunden werden kann – unbedingt daran festgehalten, dass es in Joel 2 um noch nicht erfüllte, zukünftige Ereignisse gehen muss.

Doch dieses „Festhalten"[65] beruht allein auf einer unzureichenden Auffassung vom Zeitraum „Tag des HERRN". Denn: in den meisten Fällen dieser Art wurde der Tag des HERRN nicht als ein zweiteiliger Zeitraum erkannt, für dessen zweiten Teil ebenfalls die Bezeichnung „Tag" gilt. Diese Sicht ist aber für ein korrektes Verständnis des Begriffes „Tag" unbedingt erforderlich. Wenn Paulus in 2.Thess 2,2 den Tag des HERRN

---

[64] Man beruft sich hier auf 2.Thess.2,1-4.

[65] Wäre man statt des unbedingten Festhaltens an einem noch unerfüllten Szenario konsequent den aus den Verbindungen des Buches Joel mit dem Gesamtzeugnis der Heiligen Schrift sich ergebenden Kriterien gefolgt, dann hätte man mit hinreichender Übereinstimmung erkennen können, dass der erste Abschnitt der Prophetie Joels (1,1-2,17) bereits erfüllt ist. Die charismatische Illusion einer christlichen Superendzeit-Armee (Joels Armee) wäre dadurch schon im Keim erstickt worden. Paul Cain hätte diese Irrlehre wohl kaum verbreiten können, wenn die aus der Schrift resultierende Überzeugung, Joel 2,1-11 als eine erfüllte Prophetie anzusehen, in seinem Kollektiv vorherrschend gewesen wäre.

erwähnt und dabei notwendige Voraussetzungen für sein Erscheinen nennt, meint er damit nicht seine erste Phase, sondern seine zweite Phase, nämlich den Tag, der nach der Nacht kommt. Das ist klar aus dem Kontext erkennbar, in dem es um die Ankunft des HERRN geht, die sich am frühen Morgen dieses Tages (d.h. zu Beginn der zweiten Phase) ereignen wird.[66] In Joel 2 geht es dagegen um die erste Phase des Tages des HERRN, um die Nacht, in der wir uns seit der Eroberung Jerusalems und der Vertreibung der Juden aus ihrem Land bereits befinden. Diese Phase gehört – wie oben dargelegt – ebenfalls zu dem Gesamtzeitraum „Tag des HERRN".

Das Neue Testament bestätigt diesen Sachverhalt, indem es die gesamte Zeit, die von den Propheten des Neuen Testamentes geschaut wird, wie den Verlauf von zwei hintereinander liegenden Tagen darstellt: der erste Tag umfasst das Leben Jesu auf Erden und endet mit dem Wirken der Apostel (Joh.9,4). Der zweite Tag erscheint mit der Wiederkunft des HERRN (2.Thess.1,10/2.Tim.4,8/2.Petr.1,19). Zwischen dem ersten und dem zweiten Tag liegt die gegenwärtige Nacht (Joh.9,4/2.Petr.1,19), die nach jüdischer und biblischer Zählweise schon zu dem zweiten Tag, dem „Tag des HERRN", gehört.

---

[66] Die Wiederkunft des HERRN ist vergleichbar mit dem Erscheinen des Morgensterns und mit dem Sonnenaufgang am frühen Morgen (siehe Mal.3,20 / 2.Petr.1,19 / Offb.22,16).

Beurteilung

Was sollen wir nun hierzu sagen? Es fällt bisweilen schwer, einen biblischen Zusammenhang zu akzeptieren, der sich mit geläufigeren Formulierungen zu reiben scheint. Noch schwerer wird es, wenn eine biblische Lehre als ungewohnt, vielleicht auch als neu empfunden wird. Sie deshalb zu bezweifeln oder gar abzulehnen, ist aber falsch. Maßgebend für die Beurteilung einer biblischen Lehre ist ja nicht die eigene Erfahrung, auch nicht die Kirchengeschichte, sondern allein die Heilige Schrift. Darauf macht auch Ryrie aufmerksam, wenn er schreibt:

„Das Argument der Kirchengeschichte scheint jedesmal dann sein Haupt zu erheben, wenn irgendeine biblische Lehre ins Kreuzfeuer der Diskussion gerät. Wenn diese Lehre in vergangenen Zeiten gelehrt wurde, macht sie das angeblich zuverlässiger. Wurde sie andererseits bis vor wenigen Jahren nicht gelehrt, erscheint sie zweifelhaft. Natürlich ist dieses Argument in sich selbst falsch. Die Wahrheit oder Unwahrheit irgendeiner Lehre hängt nicht davon ab, ob sie im bisherigen Verlauf der Kirchengeschichte jemals gelehrt wurde oder nicht. Nun, zugestanden, eine Lehre, von der niemand jemals zuvor etwas gehört hat, könnte zweifelhaft sein. Es ist aber die Heilige Schrift und nicht die Kirchengeschichte der Maßstab, an dem alle Lehre gemessen werden muss."[67]

Diesen Maßstab gilt es also auch hier anzulegen. Wie schon in der Einführung gesagt, ist der Verfasser dankbar für jede diesbezügliche Rückmeldung.

---

[67] **Charles C. Ryrie** in: „Irrtum ausgeschlossen!", CV Dillenburg, 1996, Seite 21

D) Anmerkungen für das weitere Studium

1,1

Joel 1,1 Das Wort des HERRN, das zu Joel, dem Sohn des Petuel, geschah.

Joel (= der HERR ist Gott), Sohn des Petuel (= Mund Gottes). Diese Namen und ihre Beziehung zueinander erinnern an Ps.2,7/Apg.13,33/Hebr.1,5/5,5: „Du bist mein Sohn, heute habe ich dich gezeugt." Joel, der Sohn des Mundes Gottes, kann daher als Synonym für den e i n e n Sohn des Mundes Gottes, für Jesus Christus, erkannt werden. Er ist der Eingeborene vom Vater, das Wort (aus dem Mund Gottes), das zugleich Gott ist und Fleisch wurde (Joh. 1,1.14). Es fällt auf, dass Joel in kein Geschlechtsregister eingeordnet werden kann. Auch darin gleicht er dem Sohn Gottes (Hebr.7,3). Unter diesen Gesichtspunkten erscheint die Botschaft Joels wie eine persönliche Botschaft des Sohnes Gottes an sein Volk.

Das Buch Joel enthält insgesamt acht Kombinationen der Gottesnamen JHWH und ELOHIM (siehe Tabelle 1), aus denen sich auch der Name „Joel" zusammensetzt. Bei jedem Vorkommen dieser Kombination wird demnach auch der Name „Joel" angedeutet. Mit diesem Synonym haben wir einen weiteren Hinweis auf die eigentliche Identität des Autors.

Tabelle 1: die Verbindungen von JHWH mit ELOHIM
im Buch Joel

Stelle	Bibeltext	Thema im Kontext	
1,14	Versammelt die Ältesten, alle Bewohner des Landes, zum Haus des HERRN, eures Gottes	Haus des HERRN	A
2,13	Und zerreißt euer Herz und nicht eure Kleider und kehrt um zum HERRN, eurem Gott!	Gottesferne	B
2,14	und Segen hinter sich zurücklassen: Speisopfer und Trankopfer für den HERRN, euren Gott	Mangel	C
2,17-18	Die Priester [...] weinen [...] Wo ist ihr Gott?[68] Und der HERR eiferte für sein Land,	Trauer	D
2,23	Und ihr, Söhne Zions, jubelt und freut euch im HERRN, eurem Gott!	Freude	D'
2,26	Und ihr werdet genug essen und [...] werdet den Namen des HERRN, eures Gottes, loben,	Überfluss	C'
2,27	ihr werdet erkennen, daß ich in Israels Mitte bin und daß ich, der HERR, euer Gott bin und keiner sonst.	Gottesnähe	B'
4,17	ihr werdet erkennen, daß ich, der HERR, euer Gott bin, der auf Zion wohnt, meinem heiligen Berg.	Wohnort des HERRN	A'

---

[68] **R. Liebi** kommentiert hier wie folgt: „Sie sagen: Wo ist ihr Gott? Das sollen die Feinde nicht sagen. Dann heißt es: dann eifert der HERR (Jahwe). Das ist eine Anspielung auf den Namen Joel. „JO" ist die Abkürzung für Jahwe, der HERR, und „EL" bedeutet Gott. [...] Genau da wo die Wende im Buch Joel kommt, haben wir die Bezeichnung Gott und dann der HERR. JOEL." (aus dem Vortrag „Das Buch des Propheten Joel", 31.03.2004, www.sermon-online.de)

Da den acht Kombinationen der beiden Gottesnamen stets das Personalpronomen „euer" (7x), bzw. „ihr" (1x) zugeordnet ist, ergibt sich daraus die Aussage: „Der HERR (Jahwe) ist euer Gott". Aufgrund der Offenbarung der Apostel[69] lautet die darin enthaltene Botschaft, die sich wie ein mit acht Stichen eingenähter, roter Faden durch das Buch Joel zieht: „Der HERR Jesus Christus ist euer Gott."

Anhand der Tabelle kann man gut erkennen, dass die acht (2 x 4) Andeutungen des Namens „Joel" (der HERR, euer Gott) thematisch einen vierfachen, antithetischen Chiasmus bilden, dessen Symmetrielinie (hier dargestellt als dicker Strich) zwischen dem ersten und dem zweiten Abschnitt (im Wendepunkt) des Buches Joel liegt. Dabei fällt auf, dass in der Mitte, d.h. direkt vor dem Wendepunkt, die Gottesnamen ausnahmsweise in umgekehrter Reihenfolge erscheinen (siehe Aussage D). Könnte die Umkehr der Namen Gottes nicht ein Indiz dafür sein, dass Gott sich nun von seinem Volk abwendet? Zudem wird diese umgekehrte Kombination von einer in Trauer und Not formulierten Frage eingeleitet: „Wo ist ihr Gott?"[70] Damit ist nun der tiefste Punkt im Buch Joel, die Talsohle, erreicht – ihr Gott hat sich umgedreht (2,14). Er hat sein Angesicht von ihnen abgewandt. Er ist nicht mehr da.

---

[69] siehe Abschnitt C: Auslegungskriterium Nr. 3

[70] die Frage hätte ja auch ohne weiteres lauten können „Wo ist der HERR, ihr Gott?" Dann hätten wir hier allerdings keine Umkehrung der Gottesnamen mehr, die der Heilige Geist an dieser Stelle sicher ganz bewusst vorgenommen hat, um damit einen Strukturbruch bzw. eine besondere Hervorhebung zu erzeugen.

Aus der offensichtlich gezielt vorgenommenen Platzierung dieser Joel-Andeutungen lässt sich auch eine zusammenfassende Aussage ableiten, die etwa folgendermaßen lauten könnte: Der traurige Zustand des unbußfertigen Volkes – das Haus des HERRN (A) ist ohne Opfer, die Juden leben in der Gottesferne (B), sie müssen Mangel (C) leiden und trauern (D) über das Verlorene – dieser traurige Zustand wird sich wandeln in Freude (D') und in Überfluss (C'), auch die Gottesnähe (B') wird wieder hergestellt [71] – wenn die Söhne Zions erkennen, dass der HERR Jesus Christus in Israels Mitte ist, und dass dieser ihr HERR, ihr Gott, ist. Dann wird Zion der Wohnort des HERRN (A') sein.

Die Symmetrie dieser antithetischen Struktur ist außerdem ein klares Indiz für einen einzigen Verfasser. Sie zeugt von einem großen Geist, der das Buch Joel als eine in sich geschlossene Einheit, als ein literarisches Meisterstück geschaffen hat. Sie widerspricht denjenigen, die an der Einheitlichkeit des Buches Joel zweifeln.

Das ganze Buch Joel ist durchdrungen von liebevollen Aufforderungen an das Volk Israel, ihren Joel, d.h. ihren HERRN Jesus Christus zu erkennen und zu IHM umzukehren, denn: der HERR Jesus Christus ist ihr Gott.

---

[71] zuerst kommt der natürliche Segen (D' und C'), dann der geistliche Segen (B' und A'). Voraussetzung für den geistlichen Segen ist jedoch die Wiederkunft Jesu (2,27) und die damit einhergehende Buße Israels (Sach.12,10-14 / Offenb.1,7). Danach (3,1) wird der geistliche Segen ausgegossen.

1,2a

Joel 1,2a Hört dies, ihr Ältesten, und nehmt es zu Ohren, alle Bewohner des Landes!

Das Land

Die Ältesten und alle Bewohner des Landes sollen die Botschaft hören. Welches Land ist gemeint? Vorkommen bei Joel: mein Land (1,6/4,2), sein Land (2,18), mein heiliger Berg [Zion] (2,1/4,17), das Land (2,3), Israels Mitte (2,27), Juda und Jerusalem (4,1/4,6/4,20), mein Erbteil Israel (4,2)

Aufgrund der Aussagen „Israels Mitte" und „mein Erbteil Israel" kann man sagen, dass Joel im weitesten Sinne das Heilige Land, d.h. das Land Israel, meint, und zwar das ganze Land, das einst von Josua als Erbe an die 12 Stämme verteilt wurde. Da Joel sich aber auf das Land Juda und auf Jerusalem bzw. auf Zion konzentriert, ist davon auszugehen, dass Joel sich vornehmlich an die Bewohner des Landes Juda (d.h. an das Südreich) mit Jerusalem als Hauptstadt wendet. Was seinerzeit außer Jerusalem und seinem Umland zu diesem Land „Juda" gehörte, ist indes nicht genau bestimmbar, da das Datum der Niederschrift des Buches Joel nicht bekannt ist und die Grenzen und Namen der zugehörigen Gebiete von den jeweiligen Regenten entsprechend verändert und angepasst wurden.

Die Bewohner des Landes

Der Ausdruck „alle Bewohner des Landes" kommt im Buch Joel dreimal vor (1,2/1,14/2,1), und zwar nur im ersten Abschnitt (1,1-2,17). Hier findet sich auch noch die Bezeichnung

„das Volk" (2,16) und „dein Volk" (2,17). Das besitzanzeigende Fürwort (Possesivpronomen) der ersten Person Singular, „mein", fehlt dagegen völlig. Es findet sich im ersten Abschnitt nur in Verbindung mit dem Land (1,6-7). Im zweiten Abschnitt wird es jedoch gleich viermal auch in Verbindung mit dem Volk benutzt: mein Volk (2,26/2,27/4,2/4,3). Von daher ist der erste Abschnitt in der Tat sehr unpersönlich gehalten. In den Augen des HERRN sind die Angesprochenen nicht sein Volk! Sie sind lediglich die „Bewohner des Landes"[72] bzw. „das Volk". Erst im zweiten Abschnitt (2,18-4,21), nachdem der HERR für sein Land geeifert hat, werden sie vom HERRN als sein Volk (2,18/2,19/4,16/4,19) bzw. als mein Volk (2,26/2,27/4,2/4,3) und als Söhne Zions (2,23) bzw. als Söhne Juda (4,6/4,8) und Söhne Jerusalems (4,6) bezeichnet.

1,2b-5

Joel 1,2b Ist solches in euren Tagen geschehen oder in den Tagen eurer Väter? (3) Erzählt euren Kindern davon und eure Kinder ihren Kindern und ihre Kinder der folgenden Generation: (4) Was der Nager übriggelassen hatte, fraß die Heuschrecke; und was die Heuschrecke übriggelassen, fraß der Abfresser; und was der Abfresser übriggelassen, fraß der Vertilger. (5) Wacht auf, ihr Betrunkenen, und weint! Heult, ihr Weinsäufer alle, über den Most, denn er ist weggerissen von eurem Mund!

---

[72] angesichts der Tatsache, dass mit dem Ausdruck "Bewohner des Landes" ursprünglich die kanaanäischen Völker gemeint waren, die Israel seinerzeit zu vertreiben hatte (siehe z.B. 2.Mo.23,31), klingt dieser Ausdruck nun in der Anwendung auf das Volk Israel fast wie ein Schimpfwort. Es lässt bereits den Entschluss Gottes ahnen, dass jetzt auch die Juden aus dem Land vertrieben werden sollen.

Wovon spricht Joel? Von einer Heuschreckenplage oder von einer Nation bzw. einem Kriegsheer gegen Juda? Die Mehrzahl der Ausleger ist der Meinung, der Botschaft Joels würde eine Heuschreckenplage zugrunde liegen,[73] denn in Vers 4 wird die nichts übrig lassende Gefräßigkeit dieser Tiere eindrücklich beschrieben. J. N. Darby schreibt deshalb: „Eine Zeit unvergleichlichen Mangels, der durch das Auftreten zahlloser Insektenschwärme verursacht worden war, dient dem Geiste Gottes zu einer passenden Gelegenheit, um das Volk auf den Tag Jehovas hinzuweisen."[74] Auch M. Holland denkt: „Er [d.h. Joel] leidet unter der Zerstörung der Natur, der Pflanzen und Tiere, durch eine Heuschreckenplage und wendet sich in seiner Not an Gott um Hilfe."[75] Und R.B. Chisholm kommentiert: „Das einleitende Kapitel beschreibt die furchtbaren Folgen einer schlimmen Heuschreckenplage, die über das Land gekommen war."[76] W. MacDonald meint sogar: „Die Schwere der Heuschreckenplage war so groß, dass die Ältesten sich an nichts Vergleichbares erinnern konnten."[77]

Doch die Frage Joels in Vers 2: „Ist solches in euren Tagen geschehen oder in den Tagen eurer Väter?" ist eine rhetorische Frage. Joel erwartet keine Antwort, weil die Antwort klar ist. Sie lautet: „Nein, so etwas haben weder wir noch unsere Väter jemals erlebt." Dadurch wird aber bereits deutlich, dass Joel etwas Schlimmeres als eine große Heuschreckenplage im Blick hat, denn die schlimmste Heuschreckenplage aller Zeiten

---

[73] d.h. für die Mehrzahl der Ausleger ist Joel 1,4 keine (!) Prophetie.
[74] **John Nelson Darby** in „Betrachtungen über den Propheten Joel (Synopsis)" Quelle: www.bibelkommentare.de
[75] **M. Holland** in „Der Prophet Joel", S.19, Wuppertaler Stb.
[76] **R. B.Chisholm** in „Das AT erklärt und ausgelegt", Band 3, Seite 495
[77] **W. MacDonald** in „Kommentar zum AT", Seite 1096

hatten die Väter der Kinder Israels ja seinerzeit in Ägypten bereits gesehen. Es wird in 2.Mo.10,14-15 zudem ausdrücklich darauf hingewiesen, dass es danach keinen derart großen Heuschreckenschwarm mehr geben würde. Das war auch Joel und den Adressaten seiner Botschaft bekannt. Deshalb kann es sich hier nicht um eine der großen Heuschreckenplagen handeln, die das Land Israel zur Zeit Joels womöglich heimgesucht haben könnten.[78]

---

[78] gegen 2.Mo.10,14 werden verschiedene, bei näherer Betrachtung allerdings kaum haltbare Einwände erhoben. **A.R.Faussett** z.B. erklärt: „Hath any *so grievous* a calamity *as this* ever been before? No such plague of locusts had been since the ones *in Egypt*. Exodus 10:14 is not at variance with this verse, which refers to *Judea,* in which Joel says there had been no such devastation before." (Quelle: http://www.ccel.org/ccel/jamieson/jfb.html) Doch diese Behauptung Faussett's ist gleich zweifach unzutreffend:

1. Der Wortlaut von 2.Mo.10,14 ist von allgemeiner Natur. Der Text selbst gibt keinerlei Anlass für die Annahme, ihn territorial auf das Land Ägypten zu begrenzen.

2. Außerdem kann aus Joel 1,2-4 keineswegs abgeleitet werden, dass sich die Frage" Ist solches in euren Tagen geschehen oder in den Tagen eurer Väter?" allein auf das Gebiet Judäa bezieht. Diese Frage enthält zwar zeitliche, aber ebenfalls keine territorialen Einschränkungen.

Es ist also weder 2.Mo.10,14 noch die Frage Joels in irgendeiner Weise territorial begrenzt zu verstehen. Um aber dennoch an realen Heuschreckenschwärmen festhalten zu können, muss man 2.Mo.10,14 ignorieren oder aber sich in Ausreden flüchten und behaupten, in Ägypten sei nur eine Art Heuschrecke (*Arbeh*) aufgetreten, während in Judäa neben dem *Arbeh* noch drei weitere Schädlinge aufgetreten seien. Deshalb sei 2.Mo.10,14 auf Joel 1,4 nicht anwendbar. Das wäre zwar eine theoretische, real aber kaum in Frage kommende Möglichkeit, den Konflikt mit 2.Mo.10,14 zu umgehen. Man wird zugeben müssen, dass Joel seinerzeit als Fragesteller derartige Spitzfindigkeiten im Umgang mit dem Wort

Die Wahrscheinlichkeit des Vorkommens einer Naturkatastrophe, bei der innerhalb nur einer Wachstumsperiode vier hintereinander auftretende Insektenschwärme jeweils genau das verzehren, was der Vorgängerschwarm übrig gelassen hat, dürfte zudem äußerst gering sein. Die Geschichtsschreibung konnte folglich auch nichts von einer derartigen Katastrophe berichten.

Das in Joel 1,19-20 beschriebene Feuer, das die Weideplätze der Steppe verzehrt und alle Bäume des Feldes versengt, ist ebenfalls ein Problem, für das reale Insektenschwärme als Ursache wohl kaum in Frage kommen.[79]

Joel 2,25 scheint ebenfalls gegen historisch reale Insektenschwärme zu sprechen, denn hier sagt der HERR, dass er dem Volk Israel „die Jahre erstatten" wird, die die Heuschrecke, der Abfresser und der Vertilger und der Nager gefressen haben.[80]

Gottes wahrscheinlich nicht in Erwägung gezogen hat und dass eine erfindungsreiche Argumentation herhalten muss, um überhaupt erst die Voraussetzung für die Möglichkeit des Auftretens von gigantischen, zuvor nie dagewesenen Heuschreckenschwärmen zu schaffen.

[79] auf das „Feuerproblem" wird in den Anmerkungen zu Joel 1,19-20 näher eingegangen

[80] Im Zusammenhang mit der Erstattung der „abgefressenen" Jahre wird dem Volk zugleich zweimal hintereinander verheißen, dass es „nie mehr beschämt werden" soll (2,26.27). Dieser Zusammenhang scheint darauf hinzuweisen, dass die von den vier „Insekten" herbeigeführte Verödung des Landes die Letzte in seiner Geschichte sein wird. Dann wäre zudem die in Joel 2 beschriebene Katastrophe mit der in Joel 1 Beschriebenen identisch, denn das mächtige Volk hinterlässt in Joel 2 ebenfalls ein verödetes Land (2,3). Dann wäre auch diese Verödung (2,3) die Letzte in der Geschichte des Landes. Diese Verödung wurde seinerzeit von den Römern her-

---

Eine reale Insektenplage – auch wenn sie in 4 Stufen ablaufen könnte – vernichtet maximal eine Vegetationsperiode, nicht jedoch eine Vielzahl von Jahren. Es ist deshalb eher an kriegerische Feldzüge einer fremden, mächtigen Nation zu denken als an eine Reihe von Insektenplagen. Das würde auch mit den Ausführungen des Kapitels 2 inhaltlich übereinstimmen, denn dort wird das eingefallene Heer bei der Verwüstung des Landes und der Eroberung Jerusalems aus der Sicht der Einwohner Jerusalems relativ detailliert beschrieben.

Nun wird sicherlich zu Recht darauf hingewiesen, dass in Kapitel 1 und 2 jeweils unterschiedliche Zeitformen verwendet werden. So ist das Kapitel 1 in der Vergangenheitsform[81] geschrieben, während die in Kap. 2 verwendete Zeitform durchweg in die Zukunft weist. Chisholm beispielsweise schreibt: „Die Heuschreckenplage aus Kapitel 1 ist Vergangenheit, die Invasion von 2,1-11 steht zur Zeit Joels noch bevor (vgl. auch 1,15). Es kann sich also nicht um das gleiche Ereignis handeln."[82] Diese Schlussfolgerung Chisholms ist allerdings nicht zwingend, denn die in Kapitel 1 beschriebene Verwüstung des Landes kann trotz der verwendeten Vergangenheitsform als eine prophetische Vision[83] begriffen werden, die das Land bereits in dem Zustand sieht, den es haben wird, nachdem die mächtige Nation das Land erobert hat (vgl. 1,6-7). Das würde auch die wiederholten Aufforderungen zum Weinen und

---

beigeführt.

[81] abgesehen von den Zwischenrufen des Propheten: Wacht auf...!, Heult...!, Umgürtet euch...!, usw.

[82] **R.B.Chisholm** in „Das AT erklärt und ausgelegt", Band 3, Seite 491

[83] hierzu **Hengstenberg**: „Der häufige Gebrauch der *Praeterita* würde nur dann etwas beweisen, wenn wir nicht auf prophetischem Boden ständen." (Christologie des AT, Bd. 3, Seite 146)

Klagen erklären, denn bei einer real vorhandenen Verwüstung des Landes wäre es überflüssig, die von einer solchen Katastrophe betroffenen Personen zum Weinen und zum Klagen aufzufordern. Das würden sie während einer akuten Not ohnehin tun. Gerade die wiederholte Aufforderung des Propheten an die Weinsäufer, Bauern, Winzer und Priester, sie mögen doch eine der Katastrophe angemessene Haltung einnehmen (1,5.8.11.13-14), zeigt doch, dass der Prophet ganz offensichtlich der Einzige ist, der überhaupt eine Katastrophe sieht. Mit seinen „prophetischen Augen" sieht er ein vertrocknetes, verwüstetes und verbranntes Land, das sowohl Mensch als auch Tier keinerlei Nahrung mehr geben kann.

Zweifellos handelt es sich bei den Begriffen „*Gazam* (Nager), *Arbeh* (Heuschrecke), *Jelek* (Abfresser) und *Chasel* (Vertilger)" um verschiedene Namen für Insekten bzw. Schädlinge,[84] doch diese Begriffe werden von Joel lediglich gebraucht, um damit in einem bildhaften Vergleich[85] bzw. in einem *Gleichnis*[86]

---

[84] für **Keil** (und vor ihm schon Hengstenberg) ist allerdings *Arbeh* die eigentliche Heuschrecke. Die Begriffe *Gazam*, *Jelek* und *Chasel* sind für ihn „also nur poetische Epitheta des *Arbeh*, die in einfacher, schlichter Prosa gar nicht vorkommen, sondern auf die höhere (rhetorische und poetische) Diction beschränkt geblieben sind." (Keil, kleine Propheten, 3.Aufl., S.129/130)

[85] **Keil** wendet sich vehement gegen die allegorische Interpretation, wonach die Heuschrecken als Bilder für kriegerische Heere zu begreifen sind. Er schreibt: „Eine Allegorie muß sich durch bedeutsame Winke als solche zu erkennen geben. Wo diese fehlen, da ist ihre Annahme willkürlich" (Keil, kleine Propheten, 3.Aufl., S.123). Weil er in diesem Zusammenhang nicht auf 2.Mo.10,14 achtet, kann er derartige Winke offensichtlich nicht finden und besteht darauf, die Heuschrecken unbedingt als „eigentlich" (versus allegorisch) zu verstehen, verfällt jedoch selbst ins Allegorisieren,

eine Folge von verheerenden Invasionen anzukündigen, die von einer mächtigen Nation (1,6) mit einem großen Heer (2,25) ausgehen werden, die über das Land Juda heraufziehen und es verwüsten wird. Dieses Gleichnis[87] macht in Verbindung mit der rhetorischen Frage von Vers 2 zudem deutlich, dass das Resultat der nacheinander erfolgenden Invasionen die totale Verwüstung des Landes sein würde, und zwar in einem bis dato noch nie dagewesenen Ausmaß. So etwas war den Ältesten, den Bewohnern des Landes oder ihren Vätern noch nie begegnet. Doch das würde kommen und darüber sollten sie ihre Kinder und Kindeskinder informieren.[88]

Der gleichnishafte Charakter von Vers 4 war immer schon ein hinreichender Grund für die Annahme, dass es sich um militärische Invasionen handeln könnte.[89] Hierzu wurden verschie-

---

indem er die auch für ihn unwirkliche, vierfache Folge der Schädlinge als „rhetorische Einkleidung und Individualisierung des Gedankens" erklärt, wobei seiner Meinung nach durch die Vierzahl lediglich „die Ausbreitung des Gerichts über Juda nach allen Seiten hin angedeutet" wird. (Keil, kleine Propheten, 3.Aufl., S.130) Joel 1,4 ist aber ein prophetischer Rätselspruch, der überhaupt nur allegorisch verstanden und gedeutet werden kann, denn die vier Schädlinge stehen nicht im Plural, sondern im Singular. Wer hier also an einen Heuschreckenschwarm denkt, allegorisiert bereits, denn er sieht die einzelne Heuschrecke als ein Bild für einen ganzen Schwarm.

[86] vgl. Hos.12,11. Heuschrecken etc. werden im AT mehrfach gleichnishaft erwähnt. Beispiele: *Arbeh* (Ri. 6,5/ Ri. 7,12/ Nah. 3,15), *Chasel* (Jes. 33,4), *Jelek* (Jer. 51,27/ Nah. 3,15.16)

[87] Man kann es auch als ein prophetisches Rätsel bezeichnen.

[88] die Juden haben dafür eigens einen Gedenktag eingerichtet: der 9.Av.

[89] **Hengstenberg**: „Wir bemerken nur, dass die figürliche Auffassung die älteste ist, - sie findet sich bei dem Chaldäischen Paraphrasten und bei den von Hieronymus erwähnten Juden" (Christologie des AT, Bd. 3, Seite 146)

dene Deutungen gegeben. M. Holland z.B. vermerkt: „Die vierfache Plage hat die alte Kirche auf vier verschiedene Könige (Tiglat-Pileser, Salmanasser, Sanherib und Nebukadnezar) gedeutet (so Ephraem der Syrer, ähnlich auch Hieronymus). Luther und die neueren Ausleger[90] sehen in ihr nur das umfassende, alles vernichtende Gericht"[91] Dagegen vermutet MacDonald, dass sich die vier Stufen der Insektenplage „auf die vier Weltreiche beziehen, die Gottes Volk beherrschen: Babylon, Medo-Persien, Griechenland und Rom".[92]

Doch der Kontext geht nicht von vier verschiedenen Nationen, sondern nur von einer Nation aus (1,6/2,2/2,25): „Eine Nation ist über mein Land heraufgezogen, mächtig und ohne Zahl [...] Wie Morgengrauen ist es ausgebreitet über die Berge, ein großes und mächtiges Volk". Dieses Volk muss – dem Gleichnis von Vers 4 folgend – offensichtlich viermal hintereinander über das Land gekommen sein und muss dabei jeweils das noch zerstört bzw. „abgefressen" haben, was von der vorhergehenden Invasion noch übrig war. Die Geschichte des Landes kennt in der Tat solche Invasionen. Sie fanden während des jüdischen Krieges statt. Joel 1,4 scheint sich

---

[90] Anm. des Verf.: gemeint sind Ausleger, die in der Tradition der lutherischen Eschatologie stehen bzw. von der lutherischen Substitutionstheologie geprägt sind (z.B. Holland, Brandenburg)

[91] **M. Holland** in „Der Prophet Joel", S.27, Wuppertaler Stb.

[92] **W. MacDonald** in „Kommentar zum AT", Seite 1096
Es gibt auch alte Ausleger, die historisch auf Salmanasser, Nebukadnezar, Antiochus und Vespasian gedeutet haben (Quelle: Merx, Der Prophet Joel und seine Ausleger, Seite 377). Damit waren sie der Lösung nahe, hatten aber noch nicht erkannt, dass das vierstufige „Abfressen" des Landes (1,4) ausschließlich in der Zeit des Vespasian erfolgte, dass also das Joel'sche Rätsel (1,4) allein in Vespasian (und seinen Feldherren) gelöst ist.

daher auf die vier römischen Feldherren Vespasian, Titus, Bassus und Silva zu beziehen. Diese Deutung dürfte bei konsequenter Berücksichtigung der in Abschnitt C erarbeiteten Auslegungskriterien die einzig mögliche sein, die zudem das Gleichnis aus Vers 4 treffend reflektiert:

Tabelle 2:   die Deutung der vier Insekten

Insekt	Deutung	Zeit	Die Invasionen/Eroberungen
Nager	Vespasian	67	Einmarsch/Eroberungen in Galiläa und Judäa
Heuschrecke	Titus	70	Eroberung Jerusalems und Tempelzerstörung
Abfresser	Bassus	73	Eroberung von Herodium und Machaerus
Vertilger	Silva	74	Eroberung der letzten Festung: Masada

Diese vier römischen Feldherren haben nacheinander das Land mit ihren Legionen durchzogen, wobei sie jeweils das noch eroberten und zerstörten, was vom Vorgänger übrig geblieben war. Vespasian, der erste in dieser Reihe,[93] verwüstete das ganze Land Galiläa und Judäa, stellte sein Heer auch noch rings um Jerusalem auf, konnte die Stadt aber nicht mehr angreifen, da er im Begriff war, zum Kaiser über das römische Reich aufzusteigen. Tacitus berichtet, dass Vespasian „in Zeit von zwei Sommern mit siegreichem Heere durch sein Glück, seinen Ruf und seinen tüchtigen Gehilfen Herr des ganzen

---

[93]   Da Joel 1,4 voraussetzt, dass zwischen den einzelnen Invasionen kein Wiederaufbau stattfindet, konnte Pompejus nicht der erste in dieser Reihe gewesen sein. Nach ihm wurde das Land nämlich wieder aufgebaut. Jerusalem z.B. war unter Herodes zu einer überaus prächtigen Stadt geworden. Ihre Schönheit war seinerzeit sprichwörtlich.

platten Landes und aller Städte außer Jerusalem wurde."[94] Die
Eroberung Jerusalems musste Vespasian daher seinem Sohn
Titus überlassen, der seinen Sieg anschließend gemeinsam mit
dem Vater in Rom feierte. Als Legat wurde daraufhin Lucilius
Bassus nach Judäa gesandt, der mit seinem Heer ein noch von
Juden besetztes Waldstück, sowie die Kastelle Herodium und
Macharaeus einnahm. Nach dem Tode des Bassus übernahm
Flavius Silva das Amt des Landpflegers in Judäa. Das letzte
Widerstandsnest, das Silva noch im Lande vorfand, war die
jüdische Festung Masada, die von ihm erst sieben Jahre nach
dem Einmarsch der Armee des Vespasian erobert wurde.
Damit war dann in der Tat das gesamte Land unterjocht, d.h.
es war vollkommen „kahl". Es war alles völlig „abgefressen".

> Was *Vespasian* übriggelassen hatte, fraß *Titus*
> und was *Titus* übriggelassen, fraß *Bassus*
> und was *Bassus* übriggelassen, fraß *Silva*.

Das also ist des Rätsels Lösung. Joel sah weder Heuschrecken
noch igendeine andere Katastrophe seiner Zeit. Das war nicht
die Triebfeder. Es war Gott, dessen Wort sich nach Hunderten
von Jahren als wahre Prophetie erwiesen hat. Diese Autorität
des Joel'schen Rätsels (1,4) gilt es zu erkennen und anzuerken-
nen. Es gibt keinen Grund, sie mit historisch nicht nachweis-
baren Hintergrundszenarien zu untergraben.

---

[94] **Tacitus**, Historien, V, 10. (Übersetzt von Dr. Heinrich Clementz,
1900)

Joel 2,25 bestätigt die Erfüllung: Entsprechend dem Verständnis der Apostel vom Namen des HERRN (3,5) ist davon auszugehen, dass es sich bei den in Joel 2,25 in der ersten Person Singular gesprochenen Worten: *„mein großes Heer, das ich gegen euch gesandt habe"* um Worte des HERRN Jesus Christus handelt.[95] Demnach hat also der HERR Jesus Christus selbst das große Vernichtungsheer gesandt. Das aber setzt seine Existenz als HERR voraus, was zugleich bedeutet, dass die Sendung dieses Heeres nicht vor seiner Menschwerdung und seiner damit verbundenen Namensgebung (Matth.1,21/ Phil.2,9) erfolgen konnte. Aus diesem Zusammenhang ergeben sich zwei Bedingungen, die bei der Identifikation des „Heeres" zu berücksichtigen sind:

1. Weil Jesus Christus der Sendende ist, kann es keine Plage zur Zeit Joels gewesen sein.

2. Weil Jesus Christus der Sendende ist, kann das große Heer nicht vor seiner Menschwerdung ins Land gekommen sein.

Auch daraus wird deutlich, dass es sich in Joel 1,4 weder um Heuschrecken zur Zeit Joels noch um eine Armee aus der Zeit des Alten Testamentes handeln kann. Hierfür kommen nur die Römer in Frage, denn sie haben das Land – wie oben dargelegt

---

[95] auch das „ich" in Joel 3,1 meint den HERRN Jesus Christus, denn in Apg. 2,33 führt Petrus aus, dass ER derjenige ist, der diese Vorhersage erstmals erfüllte, indem er an Pfingsten den Heiligen Geist auf die Jünger Jesu ausgegossen hat. Wenn aber das „ich" in Joel 3,1 den HERRN Jesus Christus meint, dann muss – dem schlichten Sprachverständnis folgend – die ganze, in der ICH-Form gehaltene Rede, die in Joel 2,19 beginnt, von der selben Person stammen, d.h.: hier redet der HERR Jesus Christus in der ersten Person Singular.

– erst <u>nach</u> der Menschwerdung bzw. Namensgebung des HERRN „abgefressen". Sie haben diesen „Garten Eden" (2,3) seinerzeit zerstört und für nahezu zweitausend Jahre zu einer öden Wüste (1,7/2,3) gemacht. Diese Jahre werden dem Volk erstattet werden (2,25).

Interessant ist in diesem Zusammenhang auch eine Bemerkung von William Kelly, der noch keine Kenntnis von der römischen „Feldherren-Deutung" hatte und deshalb die sogenannte „figürliche" Deutung völlig zu Recht ablehnte. Er betrachtete die „Heuschreckendeutung" offensichtlich nur als eine Art „Notlösung", denn er war bereit, eine zutreffendere Deutung zu prüfen und ggf. anzunehmen, sofern sie denn jemals vorgelegt würde. Er schrieb:

„Ich sehe weder irgendein tragfähiges Argument, die vier Schwärme entsprechend allegorisch einerseits auf Tiglath-Pileser, Salmanasser, Sanherib und Nebukadnezar zu deuten noch andererseits auf das Assyrisch-Babylonische Reich, das Medo-Persische, das Mazedonische oder Syro-Mazedonische, und das Römische, oder auf Modifikationen des Letzteren. Dies sind Spekulationen, die unter gewissen frühen christli-chen Schreibern sowie unter den damaligen Juden Gefallen fanden. Je mehr wir jedoch den Wert des prophetischen Wortes betonen, umso resoluter sollten wir uns gegen jeden Interpretationsansatz wenden, der nach Phantasie zu schmecken scheint. [96] Wir tun gut daran, wenn wir in den Dingen, die Gott betreffen, Spekulation fürchten. Es ist die übereilte Mutmaßung von Männern die sich Seiner Absicht wie sie in

---

[96] die vier Schwärme, die Kelly vermutet, scheinen allerdings auch nach Phantasie zu schmecken.

der Schrift geoffenbart ist, nicht unterordnen, und zu hastig zu ihren Schlussfolgerungen kommen. **Wenn wir nicht sicher sind, ist es weise, auf Einen zu warten, der nicht enttäuscht. Es wäre wünschenswert, für solche Ansichten anhand der Schrift zu prüfen, ob man sie vorlegen kann.** Bis jetzt wurde noch keine vorgelegt, ausgenommen die Vierer-Analogie der vier Tiere und vier Handwerker, von denen wir in den Visionen von Daniel und Sacharja lesen."[97]

Das Zitat im Original:
„Nor do I see any solid reason for considering the four swarms respectively allegorical of Tiglath-pileser, Shalmaneser, Sennacherib, and Nebuchadnezzar on the one hand, nor on the other of the Assyro-Babylonian power, the Medo-Persian, the Macedonian or Syro-Macedonian, and the Roman, or of this last modified. These are speculations which found favour among certain early Christian writers as well as the Jews of their day. But the more we assert the value of the prophetic word, the more resolutely should we set our face against every scheme of interpretation which savours of fancy. We do well to dread speculation in the things of God. It is the rash guesswork of men not subject to His mind as revealed in scripture, and too hasty in coming to conclusions. If we are not sure, it is wise to wait on One who does not disappoint. The basis of scripture for such views it would be desirable to weigh if it can be produced. Hitherto none has been produced, save the analogy of the four with the four beasts and four carpenters, of which we read in the visions of Daniel and of Zechariah. "[98]

---

[97] **William Kelly**, Lectures on the minor prophets - Joel, von mir übersetzt

[98] Quelle: http://www.stempublishing.com/authors/kelly/

1,6-7

Joel 1,6 Denn eine Nation ist über mein Land heraufgezogen, mächtig und ohne Zahl; ihre Zähne sind Löwenzähne, und sie hat das Gebiß einer Löwin. (7) Sie hat meinen Weinstock zu einer Wüste gemacht und meinen Feigenbaum zerknickt; sie hat ihn völlig abgeschält und hingeworfen, seine Ranken sind weiß geworden.

In den Versen 6 und 7 wird die über das Land heraufgezogene Nation mit vier synonymen Parallelismen näher beschrieben, und zwar wie folgt:

(6) Denn eine Nation ist über mein Land heraufgezogen,

mächtig	A
und ohne Zahl;	A'
ihre Zähne sind Löwenzähne,	B
und sie hat das Gebiss einer Löwin.	B'
(7) Sie hat meinen Weinstock zu einer Wüste gemacht	C
und meinen Feigenbaum zerknickt;	C'
sie hat ihn völlig abgeschält	D
und hingeworfen, seine Ranken sind weiß geworden.	D'

Die Parallelismen AA' und BB' veranschaulichen das Wesen der Nation, während die Parallelismen CC' und DD' jeweils die Taten der Nation schildern. Das paarende Element der synonymen Aussagen ist dabei stets das Bindewort „und". Aus der gegebenen Textstruktur kann gut erkannt werden, dass die beiden durch „und" miteinander verbundenen Aussagen inhaltlich jeweils identisch sind. Die Eigenschaft „mächtig" ist vergleichbar mit „ohne Zahl", die „Löwenzähne" sind dem „Gebiss" der Löwin analog, der zur Wüste gemachte Weinstock gleicht dem zerknickten Feigenbaum, und der abgeschälte Weinstock (bzw. Feigenbaum) ist identisch mit dem hingeworfenen Weinstock (bzw. Feigenbaum), dessen Ranken weiß (infolge des Abschälens und Hinwerfens) geworden sind.

Das hebräische *goj* (= Nation) kommt im Buch Joel in acht Versen zehnmal vor (1,6/2,17.19/4,2.8.9/4,11.12) und bezieht sich dort immer auf nicht-israelitische Völker im Gegensatz zum Volk Israel. Da dieses Verständnis auch in Joel 1,6 sinnvoll ist, gibt es keinen zwingenden Grund, *goj* in Joel 1,6 davon abweichend zu deuten,[99] bzw. dieses Wort ausnahmsweise auf einen Heuschreckenschwarm zu allegorisieren.

Das Wesen der Nation (Vers 6)

Das erste Kennzeichen der Nation lautet: mächtig. Um zu verdeutlichen, worin die Nation mächtig ist, wird der Ausdruck „ohne Zahl" dem Begriff „mächtig" parallel gestellt. Der synonyme Parallelismus AA' macht es klar: hier geht es offensichtlich um eine sehr große Macht, die der Nation zu Eigen ist, weil ihr ein schier unermesslicher Vorrat an Individuen zur Verfügung steht. Die Aussage „ohne Zahl" steigert hier also die Eigenschaft „mächtig".

---

[99] im Licht von 2,17 kann *goj* (1,6) nicht mehr allegorisch verstanden werden. Hierzu **Hengstenberg**: „In V.17.: »gib nicht dein Erbteil zur Schmach, dass Heiden über sie herrschen«, läßt der Prophet gradezu die Allegorie fallen, und die Sache, die Verheerung des Landes durch heidnische Feinde [...] nackt hervortreten." (Christologie des AT, Bd.: 3, Seite 159)

Nun werden die Individuen der Nation erwähnt: ihre Zähne. Eine Nation hat keine Zähne. Wörtliches Verständnis ist daher ausgeschlossen. Die Zähne einer Nation sind die Krieger einer Nation. Der Metapher (ihre Zähne = ihre Krieger) folgt ein Vergleich mit den Zähnen des Helden unter den Tieren,[100] mit Löwenzähnen. Diese Analogie betont die überragende Qualifikation der Krieger. Sie sind allesamt Helden eines mächtigen, zum Kampf gerüsteten Volkes (2,5-7).

Im Anschluß an die Betonung der Stärke der einzelnen Zähne wird nun das ganze Gebiss charakterisiert. Diese Nation „hat das Gebiss einer Löwin". Wir haben es hier mit einer weiteren Metapher zu tun: Das „Gebiss" steht für die Streitkräfte der Nation.[101] Wie die Zähne im Gebiss zu einer perfekt aufeinander abgestimmten, funktionsfähigen Einheit zusammenstehen, so bilden auch diese Krieger in ihrer Gesamtheit ein Gebiss, d.h. eine zum Kampf bestmöglich aufgestellte, äußerst schlagkräftige Heeresmacht (2,7b-8). Sie hat das Gebiss einer Löwin. Wenn eine jagende Löwin ihre Beute gefasst hat, benutzt sie ihr Gebiss, um sie zu töten. Kleineren Beutetieren wird dabei das Genick durchgebissen. „Größere Beutetiere wie ein Gnu oder Zebra werden durch einen

---

[100] Spr.30,30

[101] es handelt sich hier um die Zähne bzw. das Gebiss einer Nation, nicht um die Zähne der einzelnen Individuen einer Nation. Hier sind nicht die „Zähne" und das „Gebiss" der einzelnen Heuschrecken angesprochen (deshalb ist z.B. auch Offenb.9,7-8 nicht mit Joel 1,6 vergleichbar). Dieser Unterschied ist auf jeden Fall bemerkenswert. Wer ihn erkennt und beachtet, wird an dieser Stelle jedwede Assoziation mit Zähnen (bzw. Fresswerkzeugen) von Insekten (Heuschrecken etc.) abweisen, weil sie schon mit der Grammatik der Aussage unvereinbar ist.

Kehlbiss getötet. Da die Eckzähne des Löwen zu kurz sind, um größere Blutgefäße zu erreichen, töten sie diese größeren Beutetiere, indem sie die Luftröhre einklemmen und so die Sauerstoffversorgung der Lungen unterbrechen."[102] Das also ist es, was eine Nation, die ein Löwengebiss hat, mit dem Feind macht. Sie beißt ihm am Ort des Kampfes das Genick durch oder – wenn das Genick des Feindes zu stark ist – umklam-mert ihn und klemmt ihm mit dem starken Gebiss so lange die Versorgung ab, bis er tot ist.

Mit diesen Beschreibungen des Wesens der Nation haben wir – Anwendung von Auslegungskriterium Nr. 4 vorausgesetzt – eine treffende Darstellung der wesentlichen Eigenschaften der Streitkräfte der damaligen Weltmacht: Rom.

Die Taten der Nation (Vers 7)

Hier fällt zunächst die wiederholte Verwendung des Possessiv-pronomens der 1. Person Singular (mein Weinstock, mein Feigenbaum) auf, das wir auch in Vers 6 vorfinden (mein Land).[103] Dieses Wort schafft eine Beziehung zwischen dem

---

[102] aus Wikipedia, Stichwort „Löwe"

[103] **Keil** meint: „Das Suffix an (hebr.:) *äräzy* (= mein Land) geht nicht auf Jahve, sondern auf den Propheten, der im Namen des Volkes redet, also: das Land des Volkes Gottes." (Keil, kleine Propheten, 3.Aufl., S.131) Damit ignoriert er aber den ausdrücklichen Hinweis (1,1), dass Joel das Wort des HERRN verkündet, dass Joel somit nicht im Namen des Volkes, sondern im Namen Gottes redet. Das Suffix (= *y*) bzw. das Personalpronomen „mein" geht daher eindeutig auf Jahwe (was seiner Meinung nach aber nur in 4,2 der Fall ist). Weil es nach Keil in 1,6 nun nicht um das Land Jahwes, sondern um das Land des Volkes Gottes geht, deutet Keil auch den Weinstock

Weinstock bzw. dem Feigenbaum und dem Land. Sie zeigt, dass es sich hier nicht um reale Weinstöcke bzw. Feigenbäume handelt, sondern um gedankliche Verknüpfungen (Metaphern, Synekdochen), um austauschbare Begriffe, um Bilder für das Land Israel.[104] Denn: ein Weinstock kann nicht zu einer Wüste gemacht werden, ein Land dagegen schon (siehe 2,3). Die Aussage C „Sie hat meinen Weinstock zu einer Wüste gemacht" ist demnach wie folgt zu verstehen: „Sie hat mein Land zu einer Wüste gemacht".

Die Bilder vom hingeworfenen Weinstock und vom zerknickten Feigenbaum[105] sollen hier deutlich machen, dass die eingedrungene Nation das Land Juda komplett verwüstet hat. Dabei

---

und den Feigenbaum in Vers 7 nicht auf Jahwe und erklärt: „In der Beschreibung der Verwüstung, welche das Heuschreckenheer angerichtet, sind Weinstock und Feigenbaum genannt als die edelsten Erzeugnisse des Landes, welches der Herr seinem Volke zum Erbe gegeben." (ebd. S. 131) Er verkennt dadurch völlig, dass Jahwe hier im Singular von seinem Weinstock und von seinem Feigenbaum spricht, die in 1,7 als je ein Bild für das ganze Land des HERRN mit Jerusalem als dessen Zentrum stehen.

[104] vgl. z.B. Hos.10,1

[105] Gemäß dem Grundsatz „die Schrift erklärt sich selbst" kann aus 2.Mo.10,15 erkannt werden, dass Heuschrecken von den Bäumen lediglich das Grüne (= das Laub) fressen. Sie greifen also weder die Rinde noch das Holz von Weinstöcken oder Feigenbäumen an, da ihre Fresswerkzeuge nicht geeignet sind, diese zu schälen oder gar deren Stämme zu zerknicken und hinzuwerfen. **Keil** schwächt dieses Argument ab und vermutet, dass sich die „Zerknickung" wohl nur auf den Weinstock als den Hauptgegenstand bezieht, neben welchem der Feigenbaum nur beiläufig genannt sei. Deshalb sei auch nur der Weinstock hingeworfen, „den die Heuschrecken beim Abfressen seiner Blätter und seiner Rinde geknickt haben." (Keil, kleine Propheten, 3.Aufl., S. 131)

handelt es sich um eine dauerhafte Verwüstung, denn der Weinstock wurde völlig abgeschält und hingeworfen, seine Ranken sind dabei weiß geworden. Die Ranken sind ein Bild für das Volk Israel bzw. für die Einwohner des Landes.[106] Die weiße Farbe symbolisiert den Tod. Sie zeigt, dass kein Leben mehr in den Ranken ist. Hier wird in bildhaften Worten das lebensvernichtende Werk der ins Land eingedrungenen Nation beschrieben: Das Land wurde total verwüstet, und seine Einwohner wurden umgebracht.

Jesus Christus hatte wohl auch das vertrocknete Holz der weißen Ranken im Sinn, als er die Worte sprach: „Denn wenn man dies tut an dem grünen Holz, was wird an dem dürren geschehen? (Lk.23,31)"[107] Auch im Blick auf den Feigenbaum kündigte der HERR seinerzeit an, dass er umgehauen werden sollte (Lk.13,6-9), allerdings nicht sofort. Es sollte erst noch einmal gedüngt werden, d.h. das Evangelium sollte durch die Apostel erst noch verkündigt werden. Wenn er dann immer noch keine Frucht bringen würde, würde er abgehauen. Israel hat diese Frucht nicht gebracht (d.h. Israel als Nation hat den Messias nicht angenommen). Deshalb wurde der Feigenbaum abgehauen (Joel sagt: zerknickt und hingeworfen). Liebi bemerkt: „Im Jahr 70, als der Judenstaat unterging, wurde

---

[106] siehe auch: Jer.5,10 / Jer.6,9 / Hes.19,10-12 / Joh.15,2.6

[107] **W. MacDonald** kommentiert Lk.23,31 wie folgt: „Dann fügte der Herr Jesus noch die Worte an: »Denn wenn man dies tut an dem grünen Holz, was wird an dem dürren geschehen?« Er selbst war dieser »grüne« Baum, das ungläubige Israel der »dürre«. Wenn die Römer solche Schande und solches Leid über den sündlosen unschuldigen Sohn Gottes brächten, welche schreckliche Strafe würde die schuldigen Mörder des Sohnes Gottes ereilen?" (W. MacDonald in „Kommentar zum NT, CLV, 2.Aufl.1997, Seite 330)

schließlich der »Feigenbaum« umgehauen.«[108]

Infolge der Anwendung der in Abschnitt C erarbeiteten Auslegungskriterien hatten wir die vier Schädlinge (1,4) bereits als Synonyme für die römischen Streitkräfte gedeutet. Die beiden Parallelismen in Vers 7 hatten wir zudem als eine metaphorische Beschreibung ihrer Taten erkannt. Ordnet man diese nun in ihrer gegebenen Reihenfolge den vier Schädlingen (d.h. den vier Feldherren) zu, liefern die von Joel in Vers 7 verwendeten Verben sehr anschauliche, treffende Bilder ihrer zerstörerischen Werke:

– zu einer Wüste gemacht → **Vespasian:**
  Verwüstung des Landes (Galiläa und Judäa)

– zerknickt → **Titus:**
  der stärkste Teil des Feigenbaums, sein Stamm, wird gebrochen (Jerusalem)

– völlig abgeschält → **Bassus:**
  Einnahme von Resten des Landes, die noch von Juden besetzt waren

– hingeworfen → **Silva:**
  Fall des letzten Widerstandsnestes (Masada)

Auch dieser bemerkenswerte Vergleich kann unsere Deutung (vier Schädlinge = vier römische Feldherren) bestmöglich stützen.[109]

---

[108] **R. Liebi** in „Der Messias im Tempel", Seite 316

[109] **Keil** hat wegen seines Festhaltens am Heuschreckengericht nicht erkannt, dass Joel hier die über Juda und Jerusalem gekommenen Gerichte in seinen Bildern vom Weinstock und vom Feigenbaum sehr genau vorhersagt, denn er behauptet: „Gegen die allegorische

Zudem fällt auf, dass die Zahl „vier" im Buch Joel offensichtlich eine besondere Rolle spielt: vier Schädlinge, vier synonyme Parallelismen hintereinander, vier Eigenschaften der Nation, vier Taten der Nation, vier Joel-Andeutungen vor dem Wendepunkt, vier Joel-Andeutungen nach dem Wendepunkt, vier mal die Bezeichnung „mein Volk", vier mal die Bezeichnung „sein Volk".

Deutung der Heuschrecken spricht endlich noch entscheidend der Umstand, daß Joel überhaupt, weder in der ersten noch in der zweiten Hälfte seines Buches, die einzelnen Gerichte weißagt, welche Gott teils über sein entartetes Volk [...] verhängen werde, sondern das göttliche Gericht [...] in seiner Totalität verkündigt, als den großen und furchtbaren Tag des Herrn, ohne die einzelnen Momente, in welchen derselbe geschichtlich sich realisiert, näher zu entfalten oder auch nur anzudeuten." (Keil, kleine Propheten, 3.Aufl. S.126)

1,8

Joel 1,8 Klage wie eine Jungfrau, die mit Sacktuch umgürtet ist wegen des Mannes ihrer Jugend![110]

Joel fordert sich hier nicht selbst zur Klage auf, sondern benutzt die rhetorischen Figuren „Anrede" und „Synekdoche" (Singular steht für Plural). Das ganze Volk soll wie eine Jungfrau klagen. Die „Jungfrau" ist rhetorisch ein Simile (ein durch die Verwendung des Wortes „wie" tatsächlich ausgesprochener Vergleich).

Josephus Flavius, ein Zeitzeuge der Eroberung Jerusalems, erwähnt das Klagen der Einwohner Jerusalems mit den folgenden Worten: „Tiefste Niedergeschlagenheit hatte sich der ruhigen Bürger bemächtigt, und viele ergiengen sich in der Voraussicht des nahenden Unheiles in den bittersten Klagen." (Josephus, Jüdischer Krieg, Buch II, 22. Kapitel, Satz 649) Übersetzt von Dr. Philipp Kohout, 1901

1,9-12

Joel 1,9 Speisopfer und Trankopfer sind weggenommen vom Haus des HERRN; es trauern die Priester, die Diener des HERRN. (10) Verwüstet ist das Feld, verdorrt der Erdboden; denn verwüstet ist das Korn, vertrocknet der Most, dahingewelkt das Öl. (11) Steht beschämt, ihr Bauern, heult, ihr Winzer, über den Weizen und über die Gerste! Denn die Ernte des Feldes ist zugrunde gegangen; (12) der Weinstock ist vertrocknet und der Feigenbaum verwelkt. Granatbaum, auch Dattelpalme und Apfelbaum, alle Bäume des Feldes sind vertrocknet. Ja, vertrocknet ist die Freude, <fern> von den Menschenkin-

---

[110] Parallelstelle zu Joel 1,8: Klagelieder 2,10ff

dern.

Zu Vers 10: Korn, Most und Öl. Dieses Triplett wird von Joel gleich mehrfach verwendet (1,10/2,19.24) und verdeutlicht, dass es im Buch Joel auch im Blick auf die Frucht des Landes (5.Mo.7,13) eine Wende gibt: vom Mangel (1,10) zur Sättigung (2,19) bzw. zum Überfluss (2,24). Ursache des Mangels war nach den Worten Joels eine Nation mit einem Löwengebiss, die den Weinstock (Israel) abgenagt und zu einer Wüste gemacht hat (1,6-7).

Schon Mose sagte voraus, dass eine Nation über das Volk Israel kommt und dass sie die Frucht des Landes verzehrt und weder Korn noch Most oder Öl übrig lässt, bis sie das Volk Israel zugrunde gerichtet hat (5.Mo.28,49-57). Das haben seinerzeit die Römer getan.[111] Während das Wegnehmen von

---

[111] **R. Liebi** weist darauf hin, dass es in 5.Mo.28 drei Stellen über Zerstreuung und Wegführung gibt, die sich in der Geschichte Israels in der von Mose angegebenen Reihenfolge erfüllt haben. Die erste Zerstreuung (5.Mo.28,25) war die Folge der Eroberung des Nordreiches (Samaria) durch die Assyrer, die zweite Zerstreuung (5.Mo.28,36) war die Folge der Eroberung des Südreiches (Jerusalem) durch Nebukadnezar (babylonische Gefangenschaft), und die dritte Zerstreuung (5.Mo.28,64) war die weltweite Zerstreuung „in einem jahrhunderte dauernden Prozess" nach der Eroberung Jerusalems durch die Römer im Jahre 70 n.Chr. (Quelle: www. sermon-online.de, Roger Liebi, Die 5 Bücher Moses, Teil 3/5, Audioabschrift – Bibelseminar 07.03.1989)
William MacDonald schreibt zu 5.Mose 28,49-57: „Die Schrecken einer Belagerung durch ausländische Eindringlinge werden in den Versen 49-57 beschrieben – es wäre so schlimm, dass die Menschen einander aufessen würden. Dies geschah, als Jerusalem von den Babyloniern und später von den Römern belagert wurde. Beide Male breitete sich Kannibalismus aus." (W. MacDonald in „Kommentar

Korn, Most und Öl unmittelbar vor der weltweiten Zerstreuung geschah, und das Land für lange Zeit verödet war, wird die Wende dieses Zustandes, d.h. das Geben von Korn, Most und Öl (2,19) von Jeremia und von Hosea erst im Zusammenhang mit der Sammlung Israels aus der weltweiten Zerstreuung gesehen (Jer.31,10-12/Hos.2,23-25)[112]. Diese lange Zeit der Verödung des Landes muss daher zwischen dem von Joel beschriebenen Mangel (1,10) und dem Überfluss (2,19.24) liegen.

Zudem ist die weltweite Zerstreuung Israels der erste der von Joel genannten Gründe für das in Kapitel 4 angekündigte Gericht über die heidnischen Nationen (4,2), und die weiteren, in diesem Kapitel angeführten Verbrechen der Nationen (Teilung des Landes, etc.) führen ebenfalls zu der Schlussfolgerung, dass die in Joel 1,17 befürchtete Preisgabe des Erbteils

---

zum AT", Seite 219). Im Blick auf die babylonische Belagerung trifft dieser Kommentar allerdings nicht zu, denn nach den Worten des Propheten Hesekiels, der zugleich ein gut informierter Zeitgenosse dieser Belagerung war, sollte der Kannibalismus eine Strafe sein, die Jerusalem nur einmal treffen würde. Eine Wiederholung dieser Strafe wurde ausdrücklich ausgeschlossen (siehe Hes.5,9-10). Da Josephus berichtet, dass es während der römischen Belagerung in Jerusalem zum Hungerkannibalismus kam, kann sich diese Prophetie (5.Mo. 28,49-57) nur auf die römische, nicht jedoch auf die babylonische Belagerung Jerusalems beziehen. Der in den Klageliedern erwähnte Kannibalismus muss daher ebenfalls als Prophetie angesehen werden, die sich erst in der römischen Belagerung erfüllt hat (Näheres hierzu auf www.bibelportal.de/images/pdf/der_tag_des_herrn.pdf, Seite 32).

[112] Auch Mose sprach im Zusammenhang mit der Sammlung Israels von einer neuen Fruchtbarkeit des Landes (5.Mo.30,3-9), wobei das Triplett „Korn, Most und Öl" hier allerdings nicht explizit erwähnt wird.

nicht abgewendet wurde, sondern tatsächlich eintrat.

1,13

Joel 1,13 Umgürtet euch und klagt, ihr Priester! Heult, ihr Diener des Altars! Kommt, übernachtet in Sacktuch, ihr Diener meines Gottes! Denn Speisopfer und Trankopfer sind dem Haus eures Gottes entzogen.

Zitat von Josephus Flavius (Jüdischer Krieg, Buch II, Kapitel 10-16, Satz 237):
237 Mittlerweile hatten sich aber die Häupter aus Jerusalem, mit Trauersäcken angethan und den Scheitel mit Asche bestäubt, in aller Eile unter das übrige Volk begeben, das da ausgezogen war, um gegen die Samariter loszuschlagen, und hatten es dringend gebeten, einzuhalten und nicht durch die Befriedigung der Rachegelüste an den Samaritern den Grimm der Römer über Jerusalem heraufzubeschwören. „Habet doch Mitleid", sagte man ihnen, „mit eurer Vaterstadt und dem Tempel, wie auch mit euren eigenen Kindern und Frauen; denn ihr setzet euch der Gefahr aus, über der Rache für einen einzigen Galiläer dies alles zu verlieren!"

„Die Hohenpriester selbst sah man das Haupt mit Asche bestreut und mit entblößter Brust, da sie ihre Kleider zerrissen hatten." (Josephus, II, 15.Kapitel, Satz 322) Übersetzt von Dr. Heinrich Clementz, 1900

Zitat von Josephus Flavius (Jüdischer Krieg, Buch VI, Kapitel 2, Satz 93-94):
Titus gab jetzt den mit ihm eingedrungenen Soldaten den Auftrag, die Antonia bis auf den Grund zu schleifen und dadurch dem ganzen Heere den Aufstieg zu erleichtern. 94 Hierauf ließ

er sich den Josephus holen, weil er vernommen hatte, dass gerade an jenem Tage, dem 17. des Panemus, das sogenannte „immerwährende Opfer" wegen Mangels an geeigneten Männern das erstemal Gott nicht mehr dargebracht worden sei, ein Ereignis, das geradezu niederschmetternd auf das Volk wirkte.

1,14-18

Joel 1,14 Heiligt ein Fasten, ruft einen Feiertag aus! Versammelt die Ältesten, alle Bewohner des Landes, zum Haus des HERRN, eures Gottes, und schreit zum HERRN um Hilfe! (15) Wehe über den Tag! Denn nahe ist der Tag des HERRN, und er kommt wie eine Verwüstung vom Allmächtigen. (16) Ist nicht die Speise vor unseren Augen weggenommen, Freude und Jubel aus dem Haus unseres Gottes? (17) Verdorrt sind die Samenkörner unter ihren Schollen. Verödet sind die Vorratshäuser, zerfallen die Scheunen, denn das Korn ist vertrocknet. (18) Wie stöhnt das Vieh! Die Rinderherden sind bestürzt, weil sie keine Weide haben; auch die Schafherden büßen.

Zu Vers 16: Der babylonische Talmud bezeichnet die Zeloten (die Eiferer) als 'Räuber' und berichtet in Gitin 56 von den Einwohnern Jerusalems: „Es gab unter ihnen gewisse Räuber, zu denen sprachen die Weisen: „Wir wollen hinausgehen und Frieden suchen mit dem Belagerer". Die Eiferer entgegneten: „Wir wollen lieber hinausziehen zum Krieg gegen sie!" Darauf entgegneten unsere Weisen: „Dies wird nicht gelingen". Da gingen die Räuber und verbrannten die Vorräte der Stadt Irushalajim, den Weizen und die Gerste, so dass der Hunger über die Stadt kam".[113]

---

[113] Quelle: www.hagalil.com/judentum/feiertage/av/9-aw.htm

Zu Vers 17-18: Von einem Anführer der „Eiferer", genannt Simon, berichtet Josephus Flavius u.a. das Folgende (Jüdischer Krieg, Buch IV, Kapitel 9, Satz 534-536): „534 Von Hebron weg nahm Simon seinen Weg durch ganz Idumäa[114], wobei er nicht bloß die Dorfschaften und Städte verwüstete, sondern auch das ganze offene Land aussog, da nicht einmal die Lebensmittel mehr für die Masse seiner Leute hinreichten, indem ihm außer den Bewaffneten noch 40.000 Menschen Gefolgschaft leisteten. 535 Außer der nothwendigen Brandschatzung für das Heer war es noch die Grausamkeit seines Anführers und sein Hass gegen das Idumäervolk, unter welchen das Land bis zur völligen Verödung zu leiden hatte. 536 Gleichwie man unter einem Heuschreckenschwarm einen ganzen Wald hinterher vollständig kahl gefressen sehen kann, ebenso blieb im Rücken des Heeres von Simon nur mehr eine Wüstenei!"

---

[114] Das Gebiet Idumäas erstreckte sich von Bethlehem im Norden bis Beerscheba im Süden und vom Toten Meer im Osten bis in die Küstenebene, jedoch nicht bis an die Küste des Mittelmeeres. Es wurde seinerzeit sowohl von den Römern als auch von den Idumäern als integraler Teil Judäas betrachtet. (aus Wikipedia)

1,19-20

Joel 1,19 Zu dir, HERR, rufe ich; denn ein Feuer hat die Weideplätze der Steppe verzehrt und eine Flamme alle Bäume des Feldes versengt. (20) Auch die Tiere des Feldes schreien lechzend zu dir; denn vertrocknet sind die Wasserbäche, und ein Feuer hat die Weideplätze der Steppe verzehrt.

Flavius setzt seinen zu Joel 1,17-18 bereits zitierten Bericht mit Satz 537 wie folgt fort: „537 Was man anzünden konnte, ward verbrannt, was man untergraben konnte, demoliert, was aber auf dem Felde stand, entweder niedergetreten und so vernichtet oder abgeweidet, und der Culturboden durch die darüber marschierenden Massen noch härter gestampft, als es die unfruchtbare Steppe war. Um es kurz zu sagen, nicht einmal eine Spur verrieth, dass hier vor der Verwüstung jemals fruchtbares Land gewesen."

Das in den Versen 19 und 20 erwähnte Feuer ist kaum ursächlich auf eine Heuschreckenplage zurückführbar. Für die Vertreter einer realen Heuschreckenplage ist das Feuer deshalb ein Problem. Sie lösen das Problem entweder dadurch, dass sie hier ein neues Unglück postulieren (Rossier) oder aber dass sie das Feuer allegorisieren (MacArthur, Chisholm, Penney). Deshalb schreibt z.B. Chisholm: „Er [der Prophet] vergleicht die Heuschrecken mit einem Feuer (in V.19 und in V.20), das alles vernichtet hat, was auf seinem Wege lag."[115] Und Penney schreibt: „Auch war die Dürre ausgebrochen, wobei Joel das Bild des Feuers gebrauchte, um die verheerenden Auswirkungen der Heuschreckeninvasion und der Dürre auf das Land zu

---

[115] **R. B.Chisholm** in „Das AT erklärt und ausgelegt", Band 3, Seite 497

versinnbildlichen"[116]. Doch wer sich die Mühe macht, diesen Vergleich (Chisholm) bzw. dieses Bild (Penney) anhand des Bibeltextes nachzuvollziehen, wird feststellen, dass der Bibeltext selbst keinerlei Anhaltspunkte für einen derartigen Vergleich bzw. für eine derartige Allegorie bietet.[117] Da ein wörtliches Verständnis von Joel 1,19-20 zudem sinnvolle Resultate liefert, besteht hier keine Notwendigkeit zur Allegorisierung.

---

[116] **Russel L. Penney** in „Lexikon zur Endzeit", S. 311
[117] Die hier zitierten Aussagen von Chisholm und Penney sind daher kaum das Resultat exegetischer Arbeit.

2,1

Joel 2,1 Blast das Horn auf Zion und erhebt das Kriegsgeschrei auf meinem heiligen Berg! Beben sollen alle Bewohner
des Landes! Denn es kommt der Tag des HERRN, ja er ist
nahe:

Josephus Flavius beschreibt das Beben der Bewohner und das
Kriegsgeschrei wie folgt:
„Eine furchtbare Bestürzung und Angst herrschte unter der
sesshaften Bevölkerung, die weder Zeit und Gelegenheit hatte,
auch nur einen ruhigen Entschluss für einen entscheidenden
Schritt zu fassen, noch auch die geringste Hoffnung besaß,
eine friedliche Vereinbarung mit den Römern zu treffen oder
wenigstens durch die Flucht aus der Stadt, wie viele es
wünschten, sich retten zu können. 30 Denn überall standen
Wachen, und trotz ihrer sonstigen Uneinigkeit betrachteten
doch die Bandenführer jene, die den Frieden mit den Römern
wünschten, oder in denen man Ueberläufer vermuthete, als
gemeinsame Feinde, die man niederstieß, und nur darin waren
sie einig, dass sie gerade jene ums Leben brachten, die
desselben noch am würdigsten waren. 31 Ununterbrochen
erscholl bei Tag und bei Nacht das Kampfgeschrei, 32 aber
geradezu himmelschreiend war der Jammer der Trauernden,
denen ein Unheil nach dem andern stets neue Wunden des
Schmerzes schlug, während ihnen doch der Schrecken jeden
Seufzer in der Kehle erstickte. Indem sie aber aus lauter
Furcht selbst ihren Schmerz noch knebeln mussten, litten sie
unter ihrem heimlichen Wehe Wahre Folterqualen. [365] 33
Die eigenen Verwandten nahmen keine Rücksicht mehr auf
lebende Angehörige, waren sie aber ermordet, so sorgte man
nicht einmal für ihr Begräbnis! Die Verzweiflung an der
eigenen Rettung, die sich eines jeden bemächtigt hatte, erklärt

uns beides. Unter den friedlich gesinnten Bürgern herrschte eben infolge der festen Ueberzeugung von ihrem bevorstehenden unvermeidlichen Untergang die vollste Resignation."[118]

2,2

Joel 2,2 ein Tag der Finsternis und der Dunkelheit, ein Tag des Gewölks und des Wetterdunkels. Wie Morgengrauen ist es ausgebreitet über die Berge, ein großes und mächtiges Volk, wie es von Ewigkeit her nie gewesen ist und nach ihm nie mehr sein wird bis in die Jahre der Generationen und Generationen.

Dem großen und mächtigen Volk, das Joel hier wie das Morgengrauen[119] über die Berge ausgebreitet sieht, wird nun durch die Formulierung „wie es von Ewigkeit her nie gewesen ist und nach ihm nie mehr sein wird" der Rang eines Weltreiches von einzigartiger Natur zuteil. Diese Einzigartigkeit steht völlig im Einklang mit dem vierten Weltreich aus der Prophetie Daniels, das auch von Daniel ausdrücklich als verschieden von den Vorherigen angekündigt wurde: „Er sprach so: Das vierte Tier <bedeutet>: ein viertes Königreich wird auf Erden sein, das von allen <anderen> Königreichen verschieden sein wird. Es wird die ganze Erde auffressen und sie zertreten und sie zermalmen." (Dan.7,23) Die Geschichte hat gezeigt, dass es sich hierbei um das römische Weltreich handelt, das seinerzeit als das vierte Weltreich in Erscheinung trat. Obwohl es im weiteren Verlauf der Geschichte in zahlreiche Territorien zer-

---

[118] Jüdischer Krieg, Buch V, Kapitel 1, Satz 29-33
[119] Der Ausdruck „wie Morgengrauen" ist ein rhetorisches Stilmittel, ein Simile (ein Vergleich). Er steht hier für „Ringsum".

fiel, ist ihm kein vergleichbares Weltreich gefolgt. Es wird zwar erneut in Erscheinung treten (Offenb.17,8), doch nicht in seiner früheren Form, denn es wird mit Ton vermischt sein und geteilt bleiben bis sich der Stein von dem Berg löst, der dann alle irdischen Reiche zermalmt (Dan.2,34-35.41-45).

Pentecost beschreibt das Imperium Romanum der Antike wie folgt: „Das römische Reich war mächtiger als alle vorhergehenden Reiche. Es vernichtete alle die Reiche, die ihm vorausgegangen waren. Rom verschlang auf seinen grausamen Eroberungsfeldzügen die Länder und Völker, die zu den vorhergehenden drei Reichen gehört hatten, und verleibte sie sich ein."[120]

zu „Wie Morgengrauen ist es ausgebreitet über die Berge ...":
„Da auf diese Weise das ganze Bergland und gesammte Flachland von den Feinden beunruhigt wurde, war den Bewohnern Jerusalems jeder Ausweg abgeschnitten: denn die, welche zu den Römern übergehen wollten, sahen sich von den Zeloten bewacht, jene aber, welche noch nicht mit den Römern sympathisierten, konnten eben wegen des römischen Heeres nicht fliehen, da dieses bereits von allen Seiten die Stadt umklammert hielt."[121] (Flavius Josephus, IV, 9.Kapitel, Satz 490) Ü: Dr. H. Clementz, 1900

---

[120] **J. Dwight Pentecost** in „Das AT erklärt und ausgelegt", Band 3, Seite 397
[121] siehe hierzu auch Lk.21,20

2,3

Joel 2,3 Vor ihm her verzehrt das Feuer, und nach ihm lodert die Flamme; vor ihm ist das Land wie der Garten Eden und nach ihm eine öde Wüste. Auch gibt es vor ihm kein Entrinnen.

„Das Samariterland ist zwischen Judäa und Galiläa eingeschoben. [...] In seiner Bodenbeschaffenheit unterscheidet es sich gar nicht von Judäa: beide Landschaften haben Gebirge, die mit Ebenen abwechseln, ihre Lage ist milde genug für den Landbau und sehr fruchtbar, sie sind baumreich und voll von wildem und von edlem Obst, weil es nirgends an natürlichen Rinnsalen fehlt, die Befeuchtung aber durch den Regen noch ergiebiger ist. Alle Wasserläufe in den beiden Ländern sind von ausnehmender Süsse, und wegen der Menge trefflicher Weidegräser gibt das Vieh hier mehr Milch, als anderswo."[122]

Weiter zu Joel 2,3: „5 Die Römer hatten unterdessen, wenn auch unter riesigen Beschwerden, die ihnen das Herbeischleppen des Holzes bereitete, die Dämme in 21 Tagen ausgebaut, nachdem sie freilich, wie oben schon gesagt worden, die ganze Umgebung der Stadt aus neunzig Stadien in der Runde rasiert hatten. 6 Das Land bot denn auch einen Anblick zum Erbarmen. Denn die vordem von Baumgruppen und Ziergärten so reich belebte Gegend war jetzt eine vollständige Wüste und ringsum abgeholzt. 7 Wohl kein einziger Ausländer, der noch das alte Judäa und die wunderschönen Vorgärten der Stadt geschaut, konnte jetzt diese Oede [432] ansehen, ohne die schreckliche Veränderung bei jedem Schritte aufs bitterste zu beklagen und darüber schmerzlich aufzuseufzen. 8 Kein

---

[122] III, 4. Kapitel, Satz 48-50 Ü: Dr. Philipp Kohout

Zug der ehemaligen Schönheit, den der Krieg nicht entstellt hatte, und würde jemand, der die Gegend von früher her kannte, plötzlich dorthin versetzt worden sein, er hätte sie wohl nimmer erkannt, sondern, obschon an Ort und Stelle, erst die Stadt suchen müssen."[123]

Parallelstellen zu „Garten Eden" (Der „Garten Eden" wird zur Wüste, aber die Wüste wird wieder wie Eden werden): Jes. 51,3 / Hes. 36,35

zu: „es gibt vor ihm kein Entrinnen" (Parallelstellen: Jer.6,6 / Lk.19,43)
Der römische Wall, der wie ein Ring die ganze Stadt umschloss, sorgte dafür, dass niemand unbemerkt entkommen konnte. Nun gab es vor den Römern kein Entrinnen mehr. Alle Auswege waren abgesperrt: „510 Sobald die Umwallung der Stadt vollendet war, und die Castelle vom römischen Militär besetzt waren, übernahm Titus persönlich die erste Nachtwache, um auf seinem Rundgange von der Mauer herab die Stadt zu beobachten, die zweite hatte Alexander zu nehmen, während um die dritte die Legaten losen mussten. 511 Außerdem musste auch die Besatzung der Castelle ihre Ruhestunden durch das Los vertheilen und schritt während der ganzen Nacht von Thurm zu Thurm ihre betreffende Runde ab. 512 (3.) Mit der Absperrung aller Auswege war den Juden auch jede Hoffnung auf Rettung abgeschnitten, und die immer tiefer greifende Hungersnoth frass jetzt ganze Häuser und Familien weg."[124]

---

[123] VI, 1.Kapitel Ü: Dr. Philipp Kohout
[124] V, 12. Kapitel, Abs. 2) Ü: Dr. Philipp Kohout

2,4-8

Joel 2,4 Sein Aussehen ist wie das Aussehen von Pferden; und wie Reitpferde, so rennen sie. (5) Wie das Rasseln von Kriegswagen <klingt es,> hüpfen sie über die Gipfel der Berge; wie das Prasseln der Feuerflamme, die Stoppeln verzehrt; <sie sind> wie ein mächtiges Volk, zum Kampf gerüstet. (6) Vor ihm zittern die Völker, alle Gesichter erglühen. (7) Wie Helden rennen sie, wie Kriegsleute ersteigen sie die Mauer; und sie ziehen, jeder auf seinem Weg, und ihre Pfade verlassen sie nicht; (8) und keiner drängt den anderen, sie ziehen, jeder auf seiner Bahn; und sie stürzen zwischen den Waffen hindurch, <ihr Zug> bricht nicht ab.

„Alsdann rücken sie aus und ziehen ruhig und in größter Ordnung ihres Weges; jeder hält seinen Platz im Gliede bei wie in der Schlacht."[125]

„Stehen sie einmal in Schlachtordnung, so weichen sie weder der Überzahl, noch der Kriegslist, noch der Schwierigkeit des Terrains, noch selbst der Ungunst des Glückes; denn fester als an letzteres glauben sie an den Sieg."[126]

In den Versen 4-7 fällt der häufige Gebrauch des Vergleichswortes „wie" auf, obwohl hier kein direkter Vergleich ausgesprochen wird (den Vergleichsgegenstand muss man sich denken). Manche meinen (in Anlehnung an Joel 1,4), der Vergleichsgegenstand sei ein Heuschreckenschwarm, obwohl dieser hier nicht als solcher erwähnt wird. Andere sehen den Gebrauch des Vergleichswortes „wie" als überflüssig an (Pleonas-

---

[125] III, 5.Kap. 5. Übersetzt von Dr. Heinrich Clementz, 1900
[126] III, 5.Kap. 7. Übersetzt von Dr. Heinrich Clementz, 1900

mus), da zwischen dem Vergleichsobjekt und der jeweils ge-
schauten Realität scheinbar kein Unterschied besteht (weil
Gleiches mit Gleichem verglichen wird, bzw. weil der Vergleichsgegenstand zu fehlen scheint). Auf jeden Fall verleiht
der Gebrauch dieses Stilmittels der Beschreibung eine besondere Dramatik in Verbindung mit einem außerordentlich
visionären Charakter. Der Prophet sieht in seiner Vision ein
noch in der Zukunft liegendes Ereignis: das Heranrücken der
römischen Legionen, sowie deren Eindringen in die Stadt
Jerusalem. Das von ihm Geschaute ist zwar nur ein Bild einer
noch zukünftigen Realität. Doch alles sieht so aus wie ein tatsächlich heranrückendes Heer (und es ist genau so gekommen
wie es von Joel geschaut und beschrieben wurde).

2,9

Joel 2,9 Sie überfallen die Stadt, rennen auf die Mauer, steigen
in die Häuser; durch die Fenster dringen sie ein wie der Dieb.

Parallelstelle zum „rennen auf die Mauer": Jer. 5,10

„59 Auch von den Uebrigen schlossen sich ihm einige, allerdings nur elf, Soldaten an, die seiner Tapferkeit nacheifern
wollten. Doch war ihnen der Mann, der wie ein Kriegsgott
einherstürmte, allen weit voran. 60 Die feindlichen Posten em-
pfiengen sie mit Wurfspeeren, die sie ihnen von der Mauer aus
entgegenschleuderten, und bedeckten sie von allen Seiten mit
einer Wolke von Pfeilen, ja wälzten sogar riesige Felsblöcke
auf die elf Stürmenden herab, von denen einige dadurch auch
wirklich weggerissen wurden. 61 Sabinus aber drang, von Ge-
schossen umschwirrt, immer weiter und mäßigte, wenn auch
fast verschüttet von einem Wald von Pfeilen, nicht eher seinen
Ungestüm, als bis er auf der Zinne angelangt war und die

Feinde zurückgejagt hatte.«[127]

„Unterdessen hatten die Römer die Mauern besetzt, die Feldzeichen auf den Thürmen aufgepflanzt und unter freudigem Händeklatschen den Siegesgesang angestimmt, da das Ende des Krieges ihnen viel leichter geworden war als sein Anfang erhoffen ließ. Es kam ihnen selbst unglaublich vor, dass sie ohne Schwertstreich die letzte Mauer erstiegen hatten, und sie wussten nicht, was sie denken sollten, als sie keinen Feind erblickten.«[128]

„404 Dann aber ergossen sie sich, mit dem Schwert in der Faust, in die Straßen der Stadt und hieben in zügelloser Wuth alles in Stücke, was sie ereilten, und zündeten die mit Flüchtigen vollgefüllten Häuser an, dass alles miteinander verbrannte. 405 Wollten aber die Soldaten auf ihrem verheerenden Zuge einmal selbst in das Innere eines Hauses dringen, um Beute zu machen, so stießen sie regelmäßig auf die Leichen ganzer Familien und auf Dächer, die voll von Verhungerten lagen, bei deren Anblick sie, von kaltem Schauder gepackt, ohne etwas angerührt zu haben, wieder hinausstürmten.«[129]

---

[127] VI, 1.Kapitel   Ü: Dr. Philipp Kohout.
[128] VI, 8.Kapitel   Ü: Dr. Heinrich Clementz, 1900
[129] VI, 8.Kapitel 5 Ü: Dr. Philipp Kohout

2,10-11

Joel 2,10 Vor ihnen erbebt die Erde, erzittert der Himmel; Sonne und Mond verfinstern sich, und die Sterne verlieren ihren Glanz. (11) Und der HERR läßt vor seiner Heeresmacht her seine Stimme erschallen, denn sein Heerlager ist sehr groß, denn der Vollstrecker seines Wortes ist mächtig. Denn groß ist der Tag des HERRN und sehr furchtbar. Und wer kann ihn ertragen?

Tacitus kommentiert den Beginn der Belagerung Jerusalems durch Titus wie folgt: „Wohl hatten sich wunderbare Vorzeichen eingestellt [...] Man erblickte Schlachtreihen am Himmel im Kampfe und rötlich schimmernde Waffen und den Tempel von plötzlichem Wolkenfeuerschein erhellt. Auf einmal öffneten sich die Thore des Heiligtums, und man vernahm eine übermenschliche Stimme: 'Die Götter ziehen aus', und zugleich der Ausziehenden gewaltiges Getöse."[130]

Auch Josephus berichtet von einem seinerzeit stattgefundenen unnatürlichen Ereignis: „286 Es brach nämlich bei der Nacht ein unbändiger Sturm los, mit aller Macht brausten die Winde, begleitet von den heftigsten Regenschauern, Blitz folgte auf Blitz und schauerlich hallten die Donnerschläge, und die zitternde Erde brüllte dazu ganz unnatürlich: 287 es war ganz so, als wolle der Weltbau in Trümmer stürzen, um das Menschengeschlecht darunter zu begraben, und wahrlich kein geringfügiges Ereignis konnte es sein, das diese schrecklichen Zeichen vorbedeuten mussten!"[131]

---

[130] Tacitus, Historien, V, 13. Übers. von Dr. Heinrich Clementz, 1900
[131] IV, 4.Kap. 5. Ü: Dr. Philipp Kohout

zu „seine Heeresmacht / sein Heerlager / der Vollstrecker seines Wortes" nachstehend ein Auszug aus der Ansprache des Josephus an die Belagerten in Jerusalem:

„366 [...] Was hat sich denn bis jetzt der Herrschaft der Römer entziehen können, außer jenen Gegenden, die wegen ihrer Hitze oder Kälte völlig uncultivierbar sind? 367 Allerwärts ist das Glück ihren Fahnen gefolgt, und Gott, der die Herrschaft von einer Nation auf die andere rollen lässt, steht jetzt eben bei Italien! [...] 412 Es ist demnach auch meine persönliche Ueberzeugung, dass Gott aus seinem Heiligthum geflohen ist und in dem Lager jener steht, gegen die ihr eben streitet."[132]

Lt. Josephus hat Titus selbst eine ähnliche Überzeugung geäußert:

„409 (1.) Nach seinem Einzuge wurde Titus von der höchsten Bewunderung für die Befestigungswerke der Stadt, namentlich aber für die Thürme ergriffen, welche die Tyrannen in ihrer Kopflosigkeit im Stiche gelassen hatten. 410 Wie er so seine Blicke auf ihre massive Höhe, auf den gewaltigen Umfang der einzelnen Steine, auf das haarscharfe Gefüge, auf ihre riesige Breite und Ausdehnung hinschweifen ließ, da musste er ausrufen: 411 „Wahrhaftig, da hat Gott an unserer Seite gestritten, und nur Gott konnte es sein, der die Juden von diesen Burgen herabgezerrt hat: denn was könnten wohl Menschenhände oder Belagerungsmaschinen gegen solche Thürme ausrichten?"[133]

---

[132] V, 9. Kapitel) Ü: Dr. Philipp Kohout
[133] VI, 9.Kapitel) Ü: Dr. Philipp Kohout

2,12-17

Joel 2,12 Doch auch jetzt, spricht der HERR, kehrt um zu mir mit eurem ganzen Herzen und mit Fasten und mit Weinen und mit Klagen! (13) Und zerreißt euer Herz und nicht eure Kleider und kehrt um zum HERRN, eurem Gott! Denn er ist gnädig und barmherzig, langsam zum Zorn und groß an Gnade, und läßt sich das Unheil gereuen. (14) Wer weiß, <vielleicht> wird er umkehren und es sich gereuen lassen und Segen hinter sich zurücklassen: Speisopfer und Trankopfer für den HERRN, euren Gott! (15) Blast das Horn auf Zion, heiligt ein Fasten, ruft einen Feiertag aus! (16) Versammelt das Volk, heiligt eine Versammlung, bringt die Ältesten zusammen, versammelt die Kinder und die Säuglinge an den Brüsten! Der Bräutigam trete aus seiner Kammer und die Braut aus ihrem Brautgemach! (17) Die Priester, die Diener des HERRN, sollen weinen zwischen Vorhalle und Altar und sagen: HERR, blicke mitleidig auf dein Volk und gib nicht dein Erbteil der Verhöhnung preis, so daß die Nationen über sie spotten! Wozu soll man unter den Völkern sagen: Wo ist ihr Gott?

Manche Exegeten meinen, das Volk und die Priester hätten sich Joels Ruf zur Umkehr zu Herzen genommen und seien zu ihrem Gott umgekehrt. Doch das Gegenteil war der Fall. Dem Bericht des Josephus (Auszug siehe unten) kann man folgendes entnehmen: Zwar hatten die Hohenpriester das Volk im Tempel versammelt, aber anstatt vor dem HERRN niederzufallen, fielen sie vor dem Volk nieder. Anstatt den HERRN anzuflehen, flehten sie das Volk an. Anstatt ihr Herz zu zerreißen und Buße zu tun, zerrissen sie ihre Kleider.

Zitat von Josephus Flavius: „Mittlerweile hatten die Hohenpriester die Volksmenge im Tempel versammelt, und redeten nun auf sie ein, dass sie den Römern entgegengehen und lieber noch die Cohorten bewillkommnen, als ein ganz heilloses Unglück herbeiführen möchte. Diesen Vorstellungen widersetzte sich jedoch das aufrührerische Element, und selbst das eigentliche Volk neigte unter dem Eindruck des Blutbades bereits zur Partei der Verwegeneren hin. 321 (4.) In diesem Augenblicke geschah es nun, dass alle Priester und alle Diener Gottes insgesammt in feierlicher Procession die heiligen Gefäße hervorholten und in ihrem vollen Ornat, in welchem sie den Gottesdienst zu feiern pflegten, die Harfenspieler aber und Hymnensänger mit ihren Musikinstrumenten vor dem Volke niederfielen und es auf den Knien beschworen, ihnen doch den heiligen Schmuck zu retten und die Römer nicht auch noch zum Raube des göttlichen Zierrates herauszufordern. 322 Selbst das Haupt der Hohenpriester sah man mit Asche bedeckt, und durch die im Schmerz zerrissenen Gewande blickten die nackten Brüste. Man flehte die Vornehmen einzeln, Name für Name, die große Menge aber insgesammt an, sie möchten doch nicht durch Außerachtlassung einer so kleinen Aufmerksamkeit die Vaterstadt jenen in den Rachen werfen, die sie ohnehin gern von [179] Grund aus zerstört sähen."[134]

Zu Vers 17: Das Gebet, das die Priester sprechen sollten, findet sich in ähnlicher Form auch in Psalm 79: „Hilf uns, Gott unseres Heils, um der Ehre deines Namens willen. Rette uns und vergib unsere Sünden um deines Namens willen! Warum sollen die Nationen sagen: Wo ist ihr Gott?" (Ps.79,9-10). Joel hat diesen Psalm wahrscheinlich gekannt, denn er stammt von

---

[134] Jüdischer Krieg, Buch II, Kapitel 15, Satz 320-322

Asaf, der zur Zeit des Königs David lebte (ca. 1000 v. Chr.). Er ist jedenfalls deutlich älter als das Buch Joel, dessen Datierungsvermutungen nicht über das Jahr 900 v. Chr. hinausgehen. Deshalb ist es gut möglich, dass Joel unter der Leitung des Heiligen Geistes die Worte „Wozu soll man unter den Völkern sagen: Wo ist ihr Gott?" aus Psalm 79 zitiert hat. Auch der in Joel 2,18 erwähnte Eifer des HERRN scheint eine Anspielung auf Psalm 79 zu sein (vgl. Ps.79,5), dessen Prophetie sich auf denselben Sachverhalt bezieht.

Parallelen zu Joel 2,17: 1.Kö.9,6.-8 (Ankündigung des Götzendienstes), Hes. 8,16 (Ausführung des Götzendienstes, und zwar am selben Ort, an dem die Priester nun weinen sollen: zwischen Vorhalle und Altar)

2,18

Joel 2,18 Und der HERR eiferte für sein Land, und er hatte Mitleid mit seinem Volk.

Das hier erwähnte Eifern des HERRN kann sowohl bedeuten, dass der HERR sein Land verteidigt (damit es nicht mehr geplündert oder zerstört wird) als auch, dass der HERR sein Land reinigt (indem er z.B. Kultur und Bewohner des Landes etc. zerstört). Welche der beiden Bedeutungen zutrifft, ist hier nicht sofort erkennbar, weil das Ziel bzw. die Auswirkungen des Eifers im Kontext nicht genannt werden.

Der Parallelismus

> Und der HERR eiferte für sein Land, A
> und er hatte Mitleid mit seinem Volk. B

kann daher sowohl synonym als auch antithetisch verstanden werden. Die Formulierung „für sein Land" scheint zunächst für Synonymität zu sprechen. Da wir im Kontext dieser Aussage jedoch ein total verwüstetes Land vorfinden (1,4-20/2,3), dessen Verwüstung vom Allmächtigen selbst kam (1,15), ist wohl eher davon auszugehen, dass hier ein antithetischer Parallelismus vorliegt. Gestützt wird diese Sicht von Zephanja, dessen Prophetie vom Tag des HERRN über Jerusalem (Zeph.1,11-18) weithin als eine Parallele zu Joel 2,1-11 gilt. In diesem Zusammenhang erwähnt nun aber auch Zephanja den Eifer des HERRN. Er stellt somit auch die Bedeutung von Joel 1,18 klar: „durch das Feuer seines Eifers wird das ganze Land verzehrt werden" (Zeph.1,18). Joel prophezeite demnach in Übereinstimmung mit Zephanja, dass das Eifern des

HERRN für sein Land zu dessen Verwüstung führen würde.[135] Nach dem Vollzug dieses Eifers würde der HERR dann Mitleid mit seinem Volk haben.[136] Joel 2,18 ist deshalb ein antithetischer Parallelismus. Die Aussage A „Und der HERR eiferte für sein Land" gehört noch zu dem ersten Abschnitt des Buches Joel.[137]

Die chiastische Struktur der Joel-Andeutungen[138] bestätigt diese Auffassung. Der Wendepunkt muss in der Mitte des Verses 18 des zweiten Kapitels liegen. Würde er zwischen Vers 17 und 18 liegen, würde er die Symmetrie dieser Struktur zerstören.

Über die Anzahl der von Joel verwendeten hebräischen Wörter[139] lässt sich der Wendepunkt sogar noch genauer bestimmen. Zählt man die Wörter gleichzeitig von vorne nach hinten und von hinten nach vorne, dann trifft man in Joel 2,18 (d.h. genau in der Mitte des Buches Joel) bei der Zahl 479 aufeinander, und zwar wie folgt (bitte von rechts nach links lesen):

---

[135] vgl. Lk.21,20-24

[136] siehe hierzu auch: Schlüsselvers im Abschnitt A dieser Arbeit

[137] **M.Holland** vermerkt in einer Fußnote in der Wuppertaler Studienbibel zu Joel 2,18: „Theodion (so auch Budde, Merx u.a.) bezieht V.18 auf das Vorangegangene und übersetzt: »Und Jahwe möge sich ereifern ...« Damit erkennt er nicht das tiefgreifende Neue ab V.18 bis zum Ende des Joel-Buches". Die von Merx u.a. vorgeschlagene Lesart ist wohl kaum zutreffend. Dennoch gilt: Das Eifern des HERRN für sein Land (V.18a) muss dem ersten Abschnitt des Buches Joel zugeordnet werden.

[138] siehe Abschnitt D: Tabelle in den Anmerkungen zu Joel 1,1

[139] der Verfasser ist der hebräischen Sprache leider nicht mächtig, ist aber dennoch in der Lage, die hebräischen Wörter zu zählen. Das Resultat spricht für sich.

477	478	479 | 479	478	477	476

ויקנא יהוה לארצו ויחמל על עמו

Volk-seinem	mit	Mitleid-hatte-er-und	Land-sein-für	JHWH	eiferte-es-Und

Hier wird deutlich:

1. Das Buch Joel besteht aus 2 x 478 + 1 = 957 hebräischen Wörtern.
2. Jedes der beiden Teile des Buches Joel besteht aus 478 Wörtern.
3. Das Wort „und-er-hatte-Mitleid" steht genau im Zentrum des Buches Joel.
4. Der Wendepunkt liegt genau in dem Wort c*hamal* [140] (er-hatte-Mitleid).
5. Der erste Teil des Buches Joel endet mit: „für sein Land".
6. Der zweite Teil des Buches Joel beginnt mit: „für sein Volk".
7. Das Buch Joel enthält kein Wort zu viel, aber auch kein Wort zu wenig.

Sowohl die chiastische Struktur der Joel-Andeutungen als auch die genau gleiche Anzahl Wörter, die der Autor für die beiden Teile des Buches Joel benutzt hat, lassen wieder einmal mehr darauf schließen, dass ein derart geniales, literarisches Meisterwerk – selbst wenn es keine Prophetie enthalten würde – wohl

---

[140] „In diesem Wort steckt das Geheimnis der Wende vom Gericht zur Gnade" (**M. Holland** in: Wuppertaler Studienbibel AT9, Seite 54)

kaum das Werk eines Menschen sein kann. Hier hat der lebendige Gott dem Propheten in der Tat jedes einzelne Wort durch seinen Heiligen Geist gegeben (2.Tim.3,16 / 2.Petr.1,21).

„Meint nicht, dass ich gekommen sei,
das Gesetz oder die Propheten aufzulösen;
ich bin nicht gekommen, aufzulösen, sondern zu erfüllen.
Wahrlich, ich sage euch:

Bis der Himmel und die Erde vergehen,
**soll auch nicht *ein* Jota oder *ein* Strichlein
von dem Gesetz vergehen,**
bis alles geschehen ist.“ (Mt.5,17-18)

Die durch die jeweils gleiche Anzahl Wörter gegebene Symmetrie des Buches Joel unterstreicht ebenfalls deutlich den Charakter des Zeitraumes „Tag des HERRN“, der wie ein Kalendertag aus zwei Abschnitten besteht: aus der Nacht (Abschnitt 1) und dem sich daran anschließenden Tag (Abschnitt 2).[141]

---

[141] siehe Abschnitt C, Auslegungskriterien Nr. 5 und 6

2,19

Joel 2,19 Und der HERR antwortete und sprach zu seinem Volk: Siehe, ich sende euch das Korn und den Most und das Öl, daß ihr davon satt werdet; und ich werde euch nicht mehr zu <einem Gegenstand der> Verhöhnung machen unter den Nationen.

zu Vers 19: siehe Anmerkungen zu Joel 1,10. Warum erwähnt Joel hier nicht, dass jetzt wieder Speis- und Trankopfer möglich sein werden? Beim Vergleich von Joel 2,19 mit Joel 1,9/1,13/2,14 fällt auf, dass in Joel 2,19 „nur" die Sättigung des Volkes erwähnt wird. Vom Speisopfer und vom Trankopfer für den HERRN ist dagegen keine Rede. Wenn die Sendung von Korn, Most und Öl in eine Zeit fällt, in der der zweite Tempel abgerissen, der Dritte aber noch nicht gebaut ist, können diese Opfer nicht gebracht werden.

2,20-21

(20) Und ich werde «den von Norden» von euch entfernen und ihn in ein dürres und ödes Land vertreiben, seine Vorhut in das vordere Meer und seine Nachhut in das hintere Meer. Und sein Gestank wird aufsteigen, und aufsteigen wird sein Verwesungsgeruch, denn großgetan hat er. (21) Fürchte dich nicht, du Erdboden! Juble und freue dich! Denn der HERR hat Großes getan.

Der Vers 20 besteht aus drei synonymen Parallelismen und einer hinzugefügten Begründung:

Und ich werde «den von Norden» von euch entfernen	A
und ihn in ein dürres und ödes Land vertreiben,	A'
seine Vorhut in das vordere Meer	B
und seine Nachhut in das hintere Meer.	B'
Und sein Gestank wird aufsteigen,	C
und aufsteigen wird sein Verwesungsgeruch,	C'

denn großgetan hat er.

R. Liebi übersetzt die Aussage A wie folgt: „Und den Nordländer werde ich von euch entfernen" und erklärt den Ausdruck „Nordländer" als „den von Norden Kommenden".[142] Im Abschnitt B (Rossier) habe ich bereits ausgeführt, dass sich dieser Ausdruck prinzipiell auf jeden Feind beziehen kann, der das Land Israel von Norden her angreift bzw. angegriffen hat.[143] Es ist deshalb schwierig, diesen Feind eindeutig zu identifizieren. Zudem scheint es im Kontext (Buch Joel) keinen zwingenden Zusammenhang zwischen dem „Nordländer"(2,20) und dem „großen Heer" (2,25) zu geben. Die Tatsache, dass die Römer das Land Juda und die Stadt Jerusalem von Norden her angegriffen haben, ist zwar ein bemerkenswertes Kriteri-

---

[142] **Roger Liebi** in „Einführung in das Buch Joel" (pdf-Download von www.rogerliebi.ch)

[143] das hebr. Wort für den „Nordländer" (Strong-Nr.: H6830, King James Version) kommt in der Bibel nur in Joel 2,20 vor, d.h. es gibt zu diesem Begriff keine Parallelstelle und daher auch keine weiteren Merkmale, die dem „Nordländer" eine eindeutige Identität geben könnten.

um; es reicht allein aber nicht für eine tragfähige Analogie,[144] denn die weiteren Aussagen des Verses 20 scheinen dagegen zu sprechen: der Nordländer wird in ein ödes Land vertrieben, seine Vorhut (wörtlich: sein Gesicht) in das vordere Meer und seine Nachhut (wörtlich: sein Ende) in das hintere Meer. Wenn man im Bergland von Juda nach Osten blickt, ist das tote Meer das vordere, und das Mittelmeer das hintere Meer. Wenn die Wüste Juda das Ziel der Vertreibung sein sollte, dann wird der Feind dort wohl ebenfalls in dieser Ausrichtung stehen, denn sein „Gesicht" scheint in Richtung des toten Meeres (B) und sein „Ende" in Richtung des Mittelmeeres (B') zu zeigen. Außerdem wird sein Verwesungsgeruch aufsteigen (CC'), d.h. er wird in dem dürren Land sterben und die Leichen werden stinken, weil sie unbeerdigt verwesen. Die anschließende Begründung „denn großgetan hat er" muss bei der Deutung ebenfalls berücksichtigt werden. Diese Begründung sollte wohl treffender übersetzt werden mit: „denn er hat Großes getan". Diese Aussage bildet einen Gegensatz zu Joel 2,21, wo im Hebräischen genau das gleiche Wort steht. Dort heißt es allerdings: der HERR hat Großes getan". Daraus folgt, dass der „Nordländer" etwas Großes vollbringen wird, was man mit den Großtaten Gottes vergleichen kann.

Da von keinem der in der Bibel erwähnten Feinde Israels berichtet wird, dass seine Vorhut im Toten Meer und seine Nachhut im Mittelmeer versank, und auch die Geschichts-

---

[144] **Chisholm** sieht allerdings in dem Abschnitt 2,19-2,27 eine chiastische Struktur, in der u.a. die Verse 20 und 25 einander gegenüber stehen (siehe „Das AT erklärt und ausgelegt", Band 3, Seite 501). Das wäre dann ein zusätzliches Kriterium, das für eine gewisse Wesenseinheit des „Nordländers" (2,20) mit dem „großen Heer" (2,25) spricht.

schreibung keinen derartigen Fall kennt, müssen wir davon ausgehen, dass sich diese Vorhersage Joels noch nicht erfüllt hat. Es bleibt die Frage: um welchen Feind handelt es sich hier?

Als Deutung für den „Nordländer" kommen die folgenden Angreifer in Frage:

– Der König des Nordens (Assur): Mi.5,4
– Der Gog Hesekiels: Hes.38 und 39
– Das Tier und die Könige der Erde: Offenb.19,20

Der König des Nordens

Es wird zwar vorhergesagt, dass Assur in der Zukunft noch einmal in das Land Israel eindringen wird (Mi.5,4), es wird auch gesagt, dass Assur auf den Bergen Israels zertreten bzw. an sein Ende kommen wird (Jes.14,25/Dan.11,45), aber Jes. 14,25 kann sich bereits mit Jes.37,36 erfüllt haben. Eine nochmalige Erfüllung von Jes.14,25 ist daher nicht zwingend erforderlich. Es ist zudem fraglich, ob der König des Nordens in Dan.11,45 überhaupt gemeint ist, denn es ist vom schlichten Sprachverständnis her davon auszugehen, dass in Dan. 11,45 immer noch von dem König die Rede ist, der „nach seinem Belieben" handelt [145] (Dan.11,36). Rossier scheint derar-tige Bedenken allerdings nicht zu haben. Er schreibt:

---

[145] Das sieht auch **Pentecost** so, denn er schreibt in seinem Kommentar zu Daniel 11,40-45: „Ihn bezieht sich zurück auf den König, der in Vers 36 vorgestellt worden ist. In Vers 40-45 ist jedes »er« (fünfmal), »ihn« (zweimal) und »sein« (dreimal) auf diesen König bezogen." (J. Dwight Pentecost in: „Das AT erklärt und ausgelegt", Band 3, Seite 443)

„Die Befreiung, von der Joel spricht, wird nur durch die Vernichtung des Assyrers erreicht, der einzigen Gestalt, die der Pro-phet im zweiten Kapitel erwähnt, denn das Römische Reich und der Antichrist, die besonders im Buch Daniel und vor al-lem in der Offenbarung hervortreten, werden in unse-rem Pro-pheten gar nicht erwähnt.“[146] Dem wäre allerdings zu entgeg-nen, dass Joel 4 gerade von denjenigen spricht, die Israel unter die Nationen zerstreut haben (4,2), d.h. Joel spricht hier von den Römern einschließlich deren Verbündeten. Zudem zeigt Joel 2 auf den „Tag des Gewölks" (2,2), an dem Israel unter die Nationen zerstreut wurde (siehe Abschnitt C, Auslegungs-kriterium Nr. 4). Demnach gibt es im Buch Joel mindestens zwei Stellen, an denen unbedingt an das Römische Reich zu denken ist. Den Assyrer findet man im Buch Joel dagegen nur an einer Stelle, und dort auch nur dann, wenn man „den von Norden Kommenden" (2,20) mit dem „König des Nordens" gleichsetzt.

---

[146] Quelle: www.bibelbrunnen.de/Dokumente/RossierJoel4.php, Seite 2. Dennoch sind auch für Rossier die Ereignisse von Joel 4 mit Offenb.19 sehr treffend vergleichbar, denn hierzu schreibt er: „Die Nationen ziehen in großer Menge gegen Jerusalem hinauf und kommen in das Tal, das zum Gerichtsschauplatz bestimmt ist, wo sie vernichtet werden. Das Gericht wird durch den Herrn selbst ausgeübt und nicht durch diejenigen, die Ihn begleiten. Ganz genauso wird es sein, wenn der König der Könige mit Seinen Heerscharen aus dem Himmel hervortreten und die Nationen mit dem zweischneidigen Schwert schlagen wird, das aus Seinem Mund hervorgeht (Offb. 19)." (Quelle: www.bibelbrunnen.de/Dokumente/RossierJoel5.php, Seite 2)

Der Gog Hesekiels

Von Gog wird gesagt, dass er auf den Bergen Israels fallen wird, dass er den Raubvögeln und den Tieren des Feldes zum Fraß gegeben wird (Hes.39,4). Gog wird einen bösen Plan in seinem Herzen schmieden (Hes.38,10), es wird aber von Gog nicht explizit gesagt, dass dies eine Großtat ist bzw. dass er damit Großtuerei betreiben wird. Aufgrund von Hes.38,8.16 und Offenb.20,8 gehen außerdem einige Ausleger davon aus, dass der von Hesekiel vorhergesagte Angriff auf Israel erst nach dem 1.000-jährigen Reich stattfinden wird.

Das Tier und die Könige der Erde

Das in Offenb.19,19-20 erwähnte Tier wird in der Scofield-Bibel auf das kleine Horn des vierten Tieres (Dan.7,8) gedeutet: „Dieses «Tier» ist das «kleine Horn» von Dan.7,24-26; der «Verwüster» von Dan.9,27; der «Gräuel der Verwüstung» von Mt.24,15; der «Mensch der Gesetzlosigkeit» von 2.Thes.2,4-8; der letzte und furchtbarste Tyrann der Erde, das grausame Werkzeug Satans, voller Zorn und Hass gegen Gott und die jüdischen Heiligen."[147] Da das vierte Tier Daniels für das römische Weltreich steht, könnte es sich bei dem „Nordländer" um einen Symbolnamen[148] für das wiedererstandene römische Reich der Endzeit handeln. Dessen Haupt hat jedenfalls einen Mund, der „große Worte redet" (Dan.7,8/Offenb. 13,5), bzw. „unerhörte Reden führt" (Dan.11,36). Dieses

---

[147] Quelle: Scofield Bibel, Revidierte Elberfelder Übersetzung, 1992, R. Brockhaus Verlag, Erklärung zu Offenb.19,19

[148] **Holland** meint, dass Joel verschiedene Symbolnamen benutzt (z.B. „Der Nördliche" (2,20), „Das Tal Josaphat" (4,2), „Das Akaziental" (4,18)).

„Tier" hat ein Maul wie das eines Löwen, d.h. es hat auch ein Löwengebiss (vgl. 1,6), und der Teufel gibt ihm seine Kraft und seinen Thron und große Macht (Offenb.13,2). Seine Macht ist so groß, dass sogar sein Bild alle tötet, die es nicht anbeten (Offenb.13,15). Dieser Herrscher wird sich in den Tempel Gottes setzen und sich ausweisen, dass er Gott sei (2.Thess.2,4). Das ist die höchste Form von Großtuerei, die ein Mensch überhaupt betreiben kann. Deshalb wird er bei der Wiederkunft des HERRN beseitigt (2.Thess.2,8) und sein Heer wird von den Vögeln des Himmels gefressen (Offenb. 19,17-21).

Letztere Sicht wäre in folgender Hinsicht vorteilhaft:
Mit der Identifikation „Nordländer = wiedererstandenes röm. Reich"[149] wäre sowohl ein Bezug zu Joel 1,4-7/2,1-11/2,25 gegeben (weil hier beschrieben wird, wie das antike römische Reich seinerzeit gegen Juda und Jerusalem kämpfte) als auch ein Bezug zu Joel 4,1-17 gegeben (weil hier beschrieben wird, wie das wiedererstandene römische Reich nach Jerusalem in den Krieg zieht und wie es für seine Verbrechen an Israel gerichtet wird). Jedenfalls findet hier das Gericht über die Nachfahren derjenigen statt, die Israel einst unter die Nationen zerstreuten (4,2). Von daher kann man sagen, dass der Prophet Joel den gesamten Konflikt des vierten Tieres Daniels mit Juda und Jerusalem sah: von der Antike (70 n.Chr.) bis zur Beseitigung seines letzten Herrschers, des Antichristen. Dieser

---

[149] **A.R.Faussett** zieht ebenfalls diese Möglichkeit in Erwägung, und kommentiert zu Joel 2,20 u.a. wie folgt: „Assyria and Babylon are the type and forerunner of all Israel's foes (Rome, and the final Antichrist), from whom God will at last deliver His people, as He did from Sennacherib (2 Kings 19:35)." (Quelle: http://www.ccel.org/ccel/jamieson/jfb.html)

Feind scheint zudem der einzige zu sein, der in der Lage ist, übernatürliche „Großtaten" zu tun, die man mit den Großtaten Gottes vergleichen könnte.

Wer auch immer der „von Norden kommende" sein wird – Gott wird auch dieses Wort zur rechten Zeit erfüllen.

2,22-24

Joel 2,22 Fürchtet euch nicht, ihr Tiere des Feldes! Denn es grünen die Weideplätze der Steppe. Denn der Baum trägt seine Frucht, der Feigenbaum und der Weinstock geben ihren Ertrag. (23) Und ihr, Söhne Zions, jubelt und freut euch im HERRN, eurem Gott! Denn er gibt euch den Frühregen nach <dem Maß> der Gerechtigkeit, und er läßt euch Regen herabkommen: Frühregen und Spätregen wie früher. (24) Und die Tennen werden voll Getreide sein und die Kelterkufen überfließen von Most und Öl.

Stilmittel: Anrede (in Vers 22 und 23).

Der Ausdruck „Söhne Zions", der nur 1 x im Buch Joel vorkommt, lässt an die „Zionistische Bewegung" denken, die nach dem Holocaust u.a. zur Gründung des Staates Israel (14. Mai 1948) geführt hat. Nachdem bekannt wurde, dass der UN-Teilungsplan den Juden einen eigenen Staat im Land Israel zubilligte, tanzten die „Söhne Zions" vor Freude auf der Strasse.[150]

2,25

Joel 2,25 Und ich werde euch die Jahre erstatten, die die Heuschrecke, der Abfresser und der Vertilger und der Nager gefressen haben, mein großes Heer, das ich gegen euch gesandt habe.

Hier (2,25) ist die Reihenfolge: Heuschrecke (*Arbeh*), Abfresser (*Jelek*), Vertilger (*Chasel*), Nager (*Gazam*), d.h. der Nager steht an letzter Stelle. In 1,4 ist die Reihenfolge: Nager, Heuschrecke,

---

[150] siehe factum 9/2011, „Ein Gang aufs Wasser", Seite 13

Abfresser, Vertilger, d.h. der Nager steht an der ersten Stelle. Das war für die „Historisierung" der Heuschrecken bislang ein kaum lösbares Problem. Die Lösung bietet sich aber wie folgt an: In 1,4 wird die Reihenfolge des „Abfressens" des Landes betont. In 2,25 wird dagegen durch die Hintanstellung des Nagers seine besondere Beziehung zu dem großen Heer deutlich gemacht, das seinerzeit – vom HERRN gesandt – unter der Führung des Nagers (Vespasian) ins Land kam, denn der Attributsatz „mein großes Heer, ..." bezieht sich grammatikalisch in erster Linie auf den Letztgenannten, auf den Nager.[151] Carl Friedrich Keil macht auf den Gebrauch der Bindewörter in 2,25 aufmerksam und erklärt: „Zu beachten ist hier, daß vor den beiden letzten Namen, nicht aber vor *Jelek* die Copula[152] steht, also die drei letzten Namen als coordiniert zusammen gehören (*Hitz.*), d.h. nur verschiedene Bezeichnungen für *Arbeh* die Heuschrecke sind."[153] Diese Beobachtung eines versier-

---

[151] **Merx** will anhand der geänderten Reihenfolge beweisen, dass man die Heuschrecken nicht historisieren kann. Er kritisiert deshalb den jüdischen Ausleger Isaak Abrabanel (1437-1508) und schreibt: „Zu den äusserlichen Gründen gegen die Historisierung der Heuschrecken gehört auch, dass 1,4 und 2, 25 die Namen in abweichender Ordnung genannt werden, so dass 2, 25 *Chasel* und *Gazam* den Schluss bilden, während 1, 4 *Gazam* am Anfange steht. Stört nun dies ersichtlich die Zeitfolge der unter den Namen gedachten Völker, (*Gazam* Babel müsste voran), so weiss sich unser Ausleger nicht recht zu helfen; er meint, die beiden Rom (*Chasil*) und Babel (*Gazam*) werden zuletzt genannt, weil sie die ärgsten waren, und sie sollen zugleich alle Völker repräsentieren" (Merx, Die Prophetie des Joel, Seite 242). Die hier vorgetragene Erklärung beweist aber genau das Gegenteil: Eine korrekt vorgenommene Historisierung der Heuschrecken (1,4/2,25) führt zu einer in jeder Hinsicht zutreffenden Auslegung.

[152] Copula (lat. Band) soll auf das Bindewort „und" hinweisen

[153] **Keil**, kleine Propheten, 3. Aufl. 1888, S.149

ten Altsprachlers deutet ebenfalls darauf hin, dass die vier Schädlinge für e i n e Nation (1,6) stehen: die Römer.

Zu „der Nager" – mein großes Heer, das ich gegen euch gesandt habe:
Hierzu berichtet Josephus, „wie Nero den Vespasian mit der Führung des Krieges betraute, weil er [...] für den Bestand der Herrschaft im Oriente fürchten musste; vom Einfall, den Vespasian in Begleitung seines älteren Sohnes in das jüdische Gebiet unternahm, wie auch von der Stärke des römischen Heeres und dem Contingent der Hilfstruppen, mit dem er zunächst ganz Galiläa überschwemmte."[154] Josephus berichtet auch, wo und wie Vespasian seinerzeit die römischen Streitkräfte rekrutierte: „... so sandte der Kaiser den Mann zur Uebernahme des Oberbefehles über die in Syrien stehenden Truppenkörper ab [...] 8 Vespasian schickte zunächst von Achaja aus, woselbst er bei Nero Audienz gehabt, seinen Sohn Titus nach Alexandrien, um die fünfte und die zehnte Legion nach Syrien zu dirigieren; er selbst setzte über den Hellespont und kam auf dem Landwege nach Syrien, wo er nun die römischen Streitkräfte, wie auch zahlreiche Hilfsvölker von den benachbarten Königen zusammenzog."[155] Auch der „von Norden kommende" Einmarsch in das jüdische Gebiet wird genau beschrieben: „115 (2.) Nunmehr aber brachte Vespasian, der selbst einen Einfall in Galiläa schon fest im Sinne hatte, sein eigenes Heer in die bei den Römern übliche Marschordnung und rückte von Ptolemais ab [...] 127 (3.) In dieser Ordnung setzte Vespasian und seine Streitmacht den Marsch bis zur Grenze Galiläas fort. Daselbst angekommen, schlug er ein

---

[154] **Josephus**, Jüdischer Krieg, Buch I, Vorwort
[155] **Josephus**, Jüdischer Krieg, Buch III, Kap. 1

Lager auf …"

Abbildung 1: Truppenaufmarsch der Römer in Ptolemais

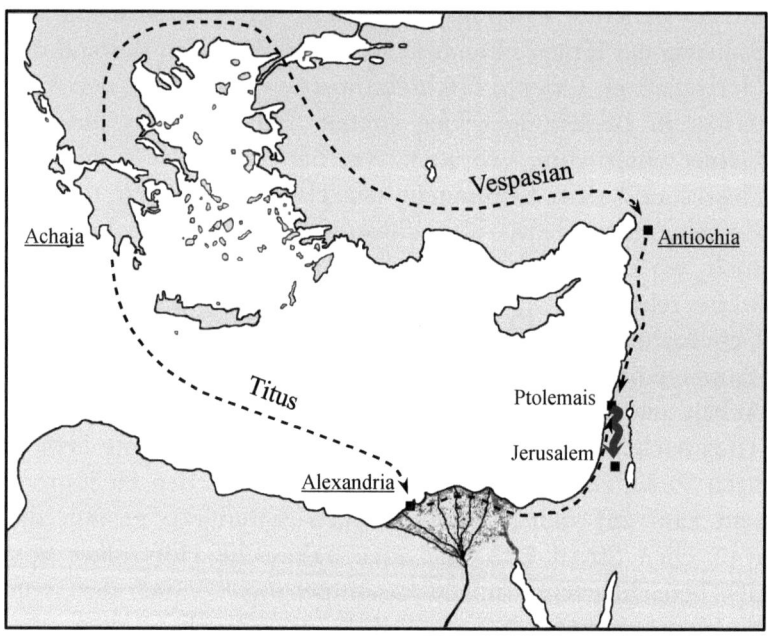

Nachdem Vespasian in Achaja von Nero den Befehl zur Niederschlagung des jüdischen Aufstandes erhalten hatte, zog er auf dem Landweg über den Hellespont nach Antiochia (Syria), um die dort stationierten Streitkräfte nach Ptolemais zu führen. Parallel dazu sandte er seinen Sohn Titus per Schiff nach Alexandria, um auch die Einheiten dieses Standortes nach Ptolemais marschieren zu lassen. In Ptolemais vereinigte

Verspasian die Legionen und Auxiliartruppen des Orients zu einem großen Heer und führte es ins Land Israel in den Krieg gegen die Juden.

2,26-27

Joel 2,26 Und ihr werdet genug essen und satt werden und werdet den Namen des HERRN, eures Gottes, loben, der Wunderbares an euch getan hat. Und mein Volk soll nie mehr zuschanden werden (27) Und ihr werdet erkennen, daß ich in Israels Mitte bin und daß ich, der HERR, euer Gott bin und keiner sonst. Und mein Volk soll nie mehr zuschanden werden.

In Vers 27 wird die Wiederkunft des HERRN in Macht und Herrlichkeit angedeutet (siehe auch Offenb.1,7). Er wird kommen, um in Israels Mitte zu wohnen.

3,1-4

Joel 3,1 Und danach wird es geschehen, daß ich meinen Geist ausgießen werde über alles Fleisch. Und eure Söhne und eure Töchter werden weissagen, eure Greise werden Träume haben, eure jungen Männer werden Gesichte sehen. (2) Und selbst über die Knechte und über die Mägde werde ich in jenen Tagen meinen Geist ausgießen. (3) Und ich werde Wunderzeichen geben am Himmel und auf der Erde: Blut und Feuer und Rauchsäulen. (4) Die Sonne wird sich in Finsternis verwandeln und der Mond in Blut, ehe der Tag des HERRN kommt, der große und furchtbare.

zu 3,1: das „danach" bezieht sich auf Joel 2,27, d.h. auf die zuvor erfolgte Wiederkunft des HERRN und die damit verbundene Erkenntnis des Volkes, dass der HERR Jesus Christus ihr Messias ist (Sach.12,10-14).

3,5

Joel 3,5 Und es wird geschehen: Jeder, der den Namen des HERRN anruft, wird errettet werden. Denn auf dem Berg Zion und in Jerusalem wird Errettung sein, wie der HERR gesprochen hat, und unter den Übriggebliebenen, die der HERR berufen wird.

Wenn man die Aussage Joels (3,5) in ihrem originalen Zusammenhang liest, kann man die Auffassung vertreten, dass sich diese Verheißung nur auf Angehörige des Volkes Israel bezieht. Als Petrus dieses Wort zitierte, hat er es auch nur auf das jüdische Volk angewendet. Aber Paulus, der dieses Wort des Propheten Joel ebenfalls zitiert hat, machte es ganz deutlich, dass diese Aussage ohne jedwede Einschränkung auf jeden zutrifft, der den Namen des Herrn Jesus anrufen würde.

Und zwar nicht nur Israeliten. Sondern jeder Mensch. Ausdrücklich weist er in Rö.10,12-13 darauf hin: *„Denn es ist kein Unterschied zwischen Jude und Grieche, denn er ist HERR über alle, und er ist reich für alle, die ihn anrufen; denn jeder, der den Namen des HERRN anrufen wird, wird errettet werden."*

Das Zitat des Apostels Paulus ist eine extrem stabile innerbiblische Querverbindung zum Propheten Joel, die in eine Zeit hineinreicht, die wir im Gegensatz zur Abfassungszeit des Propheten Joel ziemlich gut kennen. Es ist die Zeit, in der der Name des HERRN, der anzurufen ist, Jesus Christus lautet. Und es ist die Zeit, in der Jeder, der Jesus anruft, errettet werden kann. Wenn der Name des HERRN, von dem Joel in 3,5 schreibt, Jesus Christus lautet, dann ist es sehr naheliegend, auch in den anderen Stellen im Buch Joel, in denen von diesem HERRN die Rede ist, dieselbe Person zu identifizieren. Dann scheint es eine geradezu zwingende Schlussfolgerung zu sein, dass dieses Buch durchweg den HERRN Jesus Christus als den HERRN, der hier zu seinem Volk redet, im Blick hat. Diese Identität trifft zudem nicht nur auf den Namen des HERRN, sondern auch auf den von Joel oft verwendeten Begriff *„Tag des HERRN"* zu, denn Paulus bringt auch diesen Begriff mit Jesus Christus in Verbindung, indem er ihn als *„Tag des HERRN Jesus Christus"* bezeichnet (1.Kor.1,8). Dadurch wird der Eindruck verstärkt, dass der HERR, der im Buch Joel redet, niemand anderes ist, als der HERR Jesus Christus.

4,1-3

Joel 4,1 Denn siehe, in jenen Tagen und zu jener Zeit, wenn ich das Geschick Judas und Jerusalems wenden werde, (2) dann werde ich alle Nationen versammeln und sie ins Tal Joschafat hinabführen. Und ich werde dort mit ihnen ins Gericht gehen wegen meines Volkes und meines Erbteils Israel, das sie unter die Nationen zerstreut haben. Und mein Land haben sie geteilt (3) und über mein Volk das Los geworfen; und einen Jungen gaben sie für eine Hure und ein Mädchen verkauften sie für Wein und tranken.

zu Joel 4,1 (Geschick):
Steurer übersetzt hier: Wegführung. [156] Dieses Wort nimmt sehr viel konkreter Bezug auf die Ereignisse im Jahr 70 n.Chr. und deren Folgen. Nun soll also diese Wegführung Judas und Jeru-salems gewendet werden. Wenn eine Wegführung gewen-det wird, wird aus der Wegführung eine Hinführung, d.h. die Ju-den werden wieder in ihr Land zurückkehren, die Zeit des Exils wird zu Ende gehen. [157]

---

[156] Interlinearübersetzung Hebräisch-Deutsch, Band 4, Seite 72
[157] **M.Holland** erklärt: „Der hebr. Text lautet wörtl.: »Wende (kal) ich (die Wende).« Aber die früheren Abschreiber korrigierten am Rand das »Kal« ins »Hiphil«: »lasse ich (die Rückkehr) zurückkehren.«" (Quelle: Wuppertaler Studienbibel, Fußnote zu Joel 4,1) **Hengstenberg** meint: „Die Versammlung der Heiden soll nach V. 1. und 2. zu der Zeit erfolgen, wenn der Herr das Gefängniss Judahs und Jerusalems wenden, d. h. nach dem durchgängigen Sprachge-brauche, es von seinem Elende befreien wird. Dass diess Elend aber kein anderes seyn kann, als das Cap. 1. und 2. geschilderte, geht einfach daraus her vor, dass diess für den Beschluss aller Gerichte Gottes erklärt worden." (Christologie des AT, Bd.: 3, Seite 164)

zu Joel 4,2 (mein Land haben sie geteilt):
„Am 29. November 1947 stimmte die Generalversammlung der Vereinten Nationen mit Zweidrittelmehrheit für den UN-Teilungsplan für Palästina, der das Gebiet in einen jüdischen und einen arabischen Staat einteilte, wobei der Großraum Jerusalem als *Corpus separatum*[158] unter internationale Kontrolle gestellt werden sollte. Mit dem Ziel, tatsächlich einen unabhängigen jüdischen Staat zu gründen und den Überlebenden des Holocausts eine Heimat zu schaffen, akzeptierte die jüdische Bevölkerung den Plan. Die Araber lehnten den Plan dagegen ab, da sie die jüdische Präsenz in der Region als Provokation empfanden. Vor allem meinten sie, die UNO drücke ihnen ein Mandat auf, ohne ihre Interessen zu wahren. Sie lehnten in der Folge das Existenzrecht Israels ab, was bis zum heutigen Tag Folgen für die Region hat.“[159]

zu Joel 4,3:
„Von den übrigen Gefangenen schickte Titus die mehr als siebzehn Jahre alten in die Bergwerke Ägyptens; die meisten jedoch verschenkte er in die Provinzen, wo sie bei den Schauspielen entweder durchs Schwert oder durch wilde Tiere umkommen sollten. Was unter siebzehn Jahren war, wurde verkauft.“ (VI, 9.Kap. 2) Übers. von Dr. Heinrich Clementz, 1900

---

[158] Es ist sicher nicht von ungefähr, dass man hier vorzugsweise in Latein formuliert hat, bzw. dass für Jerusalem ausgerechnet ein römischer Begriff (*Corpus Separatum*) in den UN-Teilungsplan geschrieben wurde. Zeigt dies doch, dass es auch viele Jahrhunderte nach dem Untergang des Römischen Reiches immer noch einen bemerkenswerten Einfluss des vierten Tieres Daniels auf Jerusalem und auf die Nationen gibt. Die „römische“ Zertretung Jerusalems ist noch nicht zu Ende (Lk.21,24).

[159] Quelle: Wikipedia: „Israel“

Keil bemerkt zu Joel 4,2-3: „Die Worte setzen die Zerstreuung des ganzen Volkes Israel unter die Heiden im Exile und die Eroberung und die Besitznahme des ganzen Landes durch Heidenvölker, wie sie erst durch die Chaldäer und Römer erfolgte, als eingetreten voraus. Joel redet v. 2 u. 3 nicht von Ereignissen seiner Zeit oder der jüngsten Vergangenheit, sondern von der Zerstreuung des ganzen alten Bundesvolkes unter die Heiden, die vollständig erst mit der Eroberung Palästina's und der Zerstörung Jerusalems duch die Römer eingetreten ist und bis auf diesen Tag fortdauert [...] In v. 3 wird die schmähliche Behandlung Israels bei dieser Katastrophe geschildert. [...] Auf diese Weise mochten allerdings schon zu Joels Zeiten manche Israeliten in ferne Heidenländer zerstreut worden sein (vgl. v. 6); aber über das Volk als Ganzes hatten die Heidenvölker damals noch nicht das Los geworfen, um es als Sklaven zu verhandeln und sein Land unter sich zu teilen. Das geschah erst in den Zeiten der Römer."[160]

---

[160]**Keil**, kleine Propheten, 3.Aufl. 1888, S.158/159

4,4-8

Joel 4,4 Und was wollt ihr mir denn, Tyrus und Sidon und alle Bezirke Philistäas? Wollt ihr mir eine Tat vergelten, oder wollt ihr mir etwas antun? Schnell, eilig werde ich euer Tun auf euren Kopf zurückbringen, (5) weil ihr mein Silber und mein Gold weggenommen und meine besten Kleinode in eure Tempel gebracht habt, (6) und die Söhne Juda und die Söhne Jerusalems habt ihr den Söhnen der Griechen verkauft, um sie weit von ihrem Gebiet zu entfernen. (7) Siehe, ich will sie erwecken von dem Ort, wohin ihr sie verkauft habt, und will euer Tun auf euren Kopf zurückbringen. (8) Und ich werde eure Söhne und eure Töchter in die Hand der Söhne Juda verkaufen; und die werden sie an die Sabäer verkaufen, an eine ferne Nation. Denn der HERR hat geredet.

Der Siegeszug des Titus
Nachdem Titus im August des Jahres 70 Jerusalem erobert hatte, startete er einen mehrmonatigen Siegeszug entlang der Küste (siehe Abbildung 2). Erst im Juni 71 kehrte er zurück nach Rom. Die Stationen des Siegeszuges waren folgende:

1. Jerusalem
2. Cäsarea
3. Cäsarea Philippi
4. Berytus
5. verschiedene Städte Syriens
6. Antiochia
7. Zeugma (am Euphrat)
8. Antiochia
9. Rückweg nach Alexandria: über Jerusalem
10. Alexandria
11. Rom

Überall, wo er hinkam, fanden rauschende Feste statt, bei denen etliche der Kriegsgefangenen ihr Leben lassen mussten. In Cäsarea Philippi feierte er den Geburtstag seines Bruders Domitian (24. Oktober), in Berytus den seines Vaters (17. November). In Zeugma erhielt er einen goldenen Siegeskranz. In sämtlichen Küstenstädten, die der Sieger durchzog, wurden Sklaven verkauft und verschifft.[161] Tyrus und Sidon, sowie die Philisterstädte werden dabei sicher ihren Anteil erhalten haben. Nie zuvor gab es in dieser Region mehr Sklaven, die zum Verkauf anstanden als nach dem Sieg des Titus über Jerusalem.

---

[161] **A. Merx** kritisiert Hieronymus und schreibt über ihn: „In 4, 4 - 6 schwankt er haltlos zwischen der jüdischen Deutung, welche die Bedrohung von Tyrus und Sidon und Galiläa auf die Zeit beziehe, in welcher die Juden von den Römern besiegt waren, und jene das „Volk Gottes" verfolgten, und zwischen der geschichtlichen Beziehung auf die Chaldäer Nebukadnezar's, die die heiligen Gefässe geraubt hätten. Er entscheidet sich dann folgender Maßen: [...] Titus habe ja die Gefässe des jerusalemischen Tempels in den neuerbauten Tempel der Pax nach Rom gebracht, und damals seien auch jüdische Sclaven an die Griechen verkauft." (A. Merx in: „Die Prophetie des Joel und ihre Ausleger", Seite 166).
Damit sei aber der Merx'schen Sicht keineswegs Zustimmung erteilt. Dies wird hier nur zitiert, weil daraus schön erkennbar ist, dass es (sowohl christliche als auch jüdische) uralte Deutungen gibt, die diese Worte Joels ebenfalls in der Römerzeit erfüllt gesehen haben.

Abbildung 2: Der Siegeszug des Titus

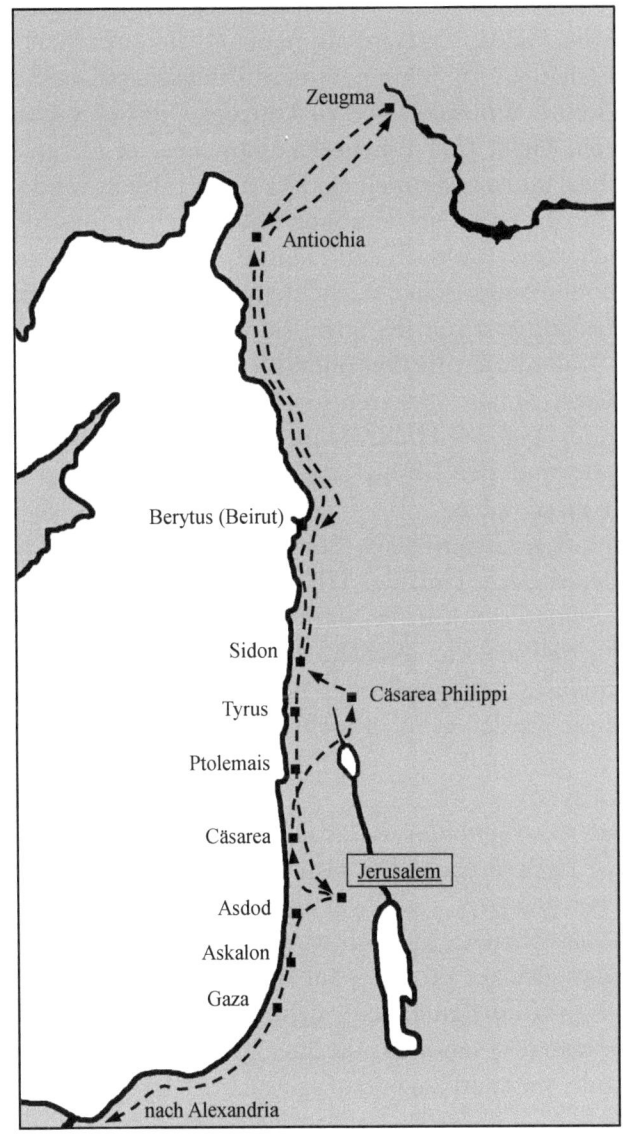

4,9-17

Joel 4,9 Ruft dies unter den Nationen aus, heiligt einen Krieg, erweckt die Helden! Herankommen und heraufziehen sollen alle Kriegsleute! (10) Schmiedet eure Pflugscharen zu Schwertern und eure Winzermesser zu Lanzen! Der Schwache sage: Ich bin ein Held! (11) Eilt und kommt her, all ihr Nationen ringsumher, und versammelt euch! Dahin, HERR, sende deine Helden hinab! (12) Die Nationen sollen sich aufmachen und hinaufziehen ins Tal Joschafat! Denn dort werde ich sitzen, um alle Nationen ringsumher zu richten. (13) Legt die Sichel an! Denn die Ernte ist reif. Kommt, stampft! Denn die Kelter ist voll, die Kelterkufen fließen über. Denn groß ist ihre Bosheit. (14) Scharen <über> Scharen im Tal der Entscheidung; denn nahe ist der Tag des HERRN im Tal der Entscheidung. (15) Die Sonne und der Mond verfinstern sich, und die Sterne verlieren ihren Glanz. (16) Und der HERR brüllt aus Zion und läßt aus Jerusalem seine Stimme erschallen, und Himmel und Erde erbeben. Und der HERR ist eine Zuflucht für sein Volk und eine Feste für die Söhne Israel. (17) Und ihr werdet erkennen, daß ich, der HERR, euer Gott bin, der auf Zion wohnt, meinem heiligen Berg. Und Jerusalem wird heilig sein, und Fremde werden es nicht mehr durchziehen.

Zu Vers 12:

„Der Ort des Gerichtes ist „das Tal Josafat". 4,2.12 Dieser Name wird gewöhnlich eher als ein symbolischer als ein geographischer gewertet, und zwar schließt man das aus der Etymologie des Wortes, „Yahweh wird richten"; ebenso von Vers 14, wo das gleiche Tal das „Tal der Entscheidung" genannt wird und zwar im Sinne eines juristischen Urteilsspruches gegen die „bösen" Nationen, die hier gerichtet werden. Jedoch sahen beide, Joel und Sacharja (vgl. Sach.14,4), offenbar diesen

Schauplatz des Gerichts als das Kidrontal mit seinem sich erweiternden Gebirgsbecken an der Südseite Jerusalems, jenseits von Hinnom, an. Das Kidrontal ist auch heute bekannt als „das Tal Josafat" und wird schon seit der Zeit des Kirchenvaters Eusebius so genannt – wahrscheinlich aufgrund der Joel- und Sacharjastellen"[162]

Wenn das Tal Joschafat tatsächlich mit dem Kidrontal identisch ist, dann wird das Gericht über das Tier und die Könige der Erde genau in dem Tal stattfinden, durch das die Römer (gemeinsam mit den Juden) seinerzeit den HERRN nach seiner Festnahme am Fuße des Ölbergs (im Garten Gethsemane) in die Stadt Jerusalem geführt haben (Joh.18,1-3.12-13). Dort, wo man ihn gefangen nahm, wird er dann als Richter sitzen (4,12).

Er wird „alle Nationen versammeln und sie ins Tal Joschafat hinabführen" (4,2). Wenn dieses Versammeln der Nationen ein Ereignis des Krieges „des großen Tages Gottes, des Allmächtigen" (Offenb.16,14) ist, dann scheinen sich die Dinge in einer gewissen Form wie folgt zu wiederholen:

In der Antike versammelte das „vierte Tier" Daniels (das römische Reich) seine Streitkräfte in Ptolemais und zog von dort verwüstend südwärts durch das ganze Land bis nach Jerusalem. In der Zukunft, am großen Tag Gottes, werden sich die Streitkräfte dieses „Tieres" in Harmagedon versammeln (Offenb. 16,16). Wenn Harmagedon mit Har Megiddo, dem Berg von Megiddo, identisch ist, dann werden sich diese Streitkräfte in der Ebene von Megiddo (bzw. in der Jesreelebene) versam-

---

[162] Ungers großes Bibelhandbuch, 3.Aufl.2003, CLV, Seite 312

meln (und zwar nur ca. 35 km Luftlinie vom antiken Ptolemais, dem heutigen Akkon, entfernt) und werden von dort aus in den Krieg des großen Tages Gottes nach Jerusalem ins Tal Joschafat ziehen – und zwar genau wie damals: von Norden kommend (2,20). Doch in diesem Krieg um Jerusalem wird der HERR „eine Zuflucht für sein Volk und eine Feste für die Söhne Israels sein" (4,16). Er wird das Tier und den falschen Propheten in den Feuersee werfen und wird die übrigen mit dem Schwert töten, das aus seinem Mund hervorgeht [163] (Offenb.19,20-21). Sie werden wohl noch aus Jerusalem fliehen (2,20), doch ihr Fleisch wird schon verwesen, während sie noch auf ihren Füßen stehen (Sach.14,12). Ihr Gestank wird aufsteigen (2,20), und die Vögel des Himmels werden sich an ihrem Fleisch sättigen (Offenb.19,20). Dann wird das Friedensreich kommen (Offenb.20 / Joel 4,17ff).

---

[163] das bedeutet: ER wird sprechen, und es geschieht.

4,18-21

Joel 4,18 Und es wird geschehen an jenem Tag, da werden die Berge triefen von Most und die Hügel überfließen von Milch, und alle Bäche Judas werden strömen <, voll> von Wasser. Und eine Quelle wird aus dem Haus des HERRN hervorbrechen und das Tal Schittim bewässern. (19) Ägypten wird zur Öde und Edom zu einer öden Wüste werden wegen der Gewalttat an den Söhnen Juda, weil sie in ihrem Land unschuldiges Blut vergossen haben. (20) Aber Juda soll ewig bewohnt werden und Jerusalem von Generation zu Generation. (21) Und ich werde ihr Blut ungestraft lassen, das ich <bisher> nicht ungestraft ließ. Und der HERR wohnt in Zion.

Diese Verse bilden den Abschluss des Buches Joel. Sie blicken in das zukünftige, 1.000-jährige Friedensreich, in dem der HERR Jesus Christus in Zion wohnen und regieren wird.

Zu Vers 18:
Tal Schittim (Schittim = Akazien), das meint die Jordanebene, in der die Akazien wachsen.

E) Die Deutungsvarianten im Überblick

Ausleger	Joel 1		Joel 2,1-17	
	Zeit	Deutung	Zeit	Deutung
MacDonald	V und Z	Heuschrecken und V: Nebukadnezar Z: Assyrien	V und Z	V: Nebukadnezar Z: Assyrien
Darby	V	verheerende Insektenplage	Z	Assyrien
Rossier	V	Heuschrecken und Waldbrände	Z	Assyrien (Ende der großen Drangsal)
Liebi	Z	Assyrien (große Drangsal)	Z	Assyrien (Beginn der großen Drangsal)
Ellisen	V	Heuschrecken und Dürre	Z	eine „größere Plage"
Gaebelein	V	Katastrophe	Z	letzter militärischer Einfall ins Land Israel
Keil	V	Heuschrecken und Gluthitze	V	Heuschrecken
Holland	V	Naturkatastrophe	Z	ein Heer von Engeln
Unger	V und Z	Heuschrecken und Z: Harmagedon	Z	Harmagedon
Brandenburg	?	Werkzeuge des Gottesgerichtes	Z	ein Heer von Engeln

Ausleger	Joel 1		Joel 2,1-17	
	Zeit	Deutung	Zeit	Deutung
Fruchten-baum	?	Joel 1,1-15: keine Angaben	Z	Joel 1,15-2,11: ein Dämonenheer
MacArthur	V	Heuschrecken	V und Z	V: Heuschrecken Z: eine Armee
Wiersbe	V	Heuschrecken	V	Sanherib (702 v.Chr.)
Penney	V	Heuschrecken-invasion	V	Sanherib (702 v.Chr.)
Scofield	V	nahes Gericht	Z	noch nicht erfüllt
Chisholm	V	Heuschrecken-plage	unklar	nicht sicher identifizierbar
lt. vorliegen-der Studie	V	vier einander fol-gende römische Feldherren (67-74 n.Chr.)	V	die Eroberung Jerusalems unter Titus (70 n.Chr.)

Legende zur Spalte „Zeit":

V = Vergangenheit;
Z = Zukunft (letzte Tage, Endzeit)

121

Verwendete Auslegungen über Joel:

- Aebi: Kurze Einführung in die Bibel, 9.Aufl.1987, Verlag Bibellesebund
- Brandenburg: Das lebendige Wort, Band 9, Brunnen-Verlag 1963
- Chisholm, Joel (Walvoord-Kommentarreihe, DTS)
- Darby: Betrachtungen über den Propheten Joel (Synopsis)
- Ellisen, Stanley A.: Von Adam bis Maleachi, 1988, CV Dillenburg
- Gaebelein: Kommentar zum AT, CV Dillenburg, 1.Aufl.1998
- Hengstenberg, Ernst Wilhelm: Christologie, Bd.: 3, Berlin (1835), Bayer. StaatsBibl.
- Holland, Martin: Wuppertaler Studienbibel, R. Brockhaus Verlag, 1980
- Jamieson, Fausset, and Brown's Commentary, 1871 Edition
- Kelly, William: Lectures on the minor prophets - Joel
- MacArthur, John: Basisinformationen zur Bibel, 2.Aufl.2009, CLV Bielefeld
- Keil, Carl Friedrich: kleine Propheten, 3. Aufl., Dörfling und Franke, Leipzig, 1888
- Lexikon zur Endzeit, 2004, CV Dillenburg
- Liebi, Roger: Einführung in das Buch Joel
- MacArthur Studienbibel, 2002, CLV Bielefeld
- MacDonald: 16 Männer mit einer Botschaft
- MacDonald: Kommentar zum AT, CLV Bielefeld, 1.Aufl. 2005
- Merx, Adalbert: Die Prophetie des Joel und ihre Ausleger, Halle (1879)

- Rossier, Henri: Der Prophet Joel
- Scofield-Bibel, 1992, R. Brockhaus Verlag
- Ungers großes Bibelhandbuch, 3.Aufl.2003, CLV Bielefeld
- Wiersbe, Warren W.: Sei erstaunt, 2005, CV Dillenburg

Verwendete Bibelausgaben:

- Revidierte Elberfelder Übersetzung, 1985
- Das Alte Testament (Band 4), Interlinearübersetzung Hebräisch-Deutsch nach der Biblia Hebraica Stuttgartensia 1986, Hänssler 1999
- Modern Hebrew Bible (als Softwaremodul in Sword-Project)

Weitere Arbeiten des Autors:

- **Tekoa und die Eroberung Jerusalems**
  Eine Bibelarbeit zu Jeremia 6,
  2006/2007, 16 Seiten
- **Der Tag des HERRN**
  Eine ausführliche Studie zu Lukas 17,22-35 u.a.,
  2003/2006, 68 Seiten
- **Die Entrückung der Gemeinde – Was sagt die Schrift?**
  Niederschrift eines Vortrages,
  2005, 8 Seiten

Diese Arbeiten stehen im Internet als pdf-Dateien zum Download kostenlos zur Verfügung.

Notizen